明文堂編輯部 校閱

# 詳密註釋 通鑑諺解

【卷之十四】

明文堂

# 詳密註釋 通鑑諺解【卷之十四】目次

經國彙經
聖也

(馴致)以漸而致也
(九廟)古者天子七廟玄宗增爲九廟
蒸庶彙蒸衆也聖神文武註卽位元年擧

# 詳密註釋 通鑑諺解 卷之十四

## 唐紀

### 德宗皇帝下

(甲子)興元元年이라春正月朔에赦天下改元ᄒᆞ고制曰朕이長于深宮之中ᄒᆞ야暗於經國之務ᄒᆞ고積習易溺ᄒᆞ야居安忘危ᄒᆞ고不知稼穡之艱難ᄒᆞ고不恤征戍之勞苦ᄒᆞ야澤靡下究ᄒᆞ고情未上通이라事旣壅隔에人懷疑阻ᄒᆞ되猶昧省己ᄒᆞ야遂用興戎ᄒᆞ야徵師四方ᄒᆞ고轉餉千里ᄒᆞ니(餉式亮反)賦車籍馬에遠近이騷然ᄒᆞ고行齎居送에衆庶ㅣ勞止라天譴於上而朕不寤ᄒᆞ고人怨於下而朕不知ᄒᆞ야馴致亂階ᄒᆞ야變興都邑ᄒᆞ니萬品이失序ᄒᆞ고九廟ㅣ震驚이라上累于祖宗ᄒᆞ고下負于蒸庶ᄒᆞ야痛心靦貌ᄒᆞ니(靦他典反面慚也)罪實在予라永言愧悼ᄒᆞ야若墜泉谷이로니自今으로中外ㅣ所上書奏에不得更言聖神文武之號ᄒᆞ라

臣上尊號
曰聖神文
武皇帝

藩維彙方
隅
盜窃名器
註上癸亥
年稱弋秦
始皇帝改
元應天

興元元年이라春正月朔에天下를赦ᄒᆞ고元을改ᄒᆞ고制ᄒᆞ야曰朕이深宮의中에셔長ᄒᆞ야經國의務에暗ᄒᆞ고習에積ᄒᆞ고溺에易ᄒᆞ야安에居ᄒᆞ며危를忘ᄒᆞ고稼穡의艱難을知치못ᄒᆞ고征戍의勞苦를恤치못ᄒᆞ야澤이下로究치못ᄒᆞ고情이上으로通치못ᄒᆞᆫ지라事가이미壅隔ᄒᆞ미人이疑阻를懷호ᄃᆡ오히려省己에昧ᄒᆞ야드듸여써戎을興ᄒᆞ야四方에師를徵ᄒᆞ고千里에餉을轉ᄒᆞ니車에賦ᄒᆞ고馬에籍홈에遠近이騷然ᄒᆞ고行齎居送에衆庶ㅣ勞ᄒᆞᆫ지라天이上에셔譴ᄒᆞ시되朕이寤치못ᄒᆞ고人이下에셔怨호ᄃᆡ朕이知치못ᄒᆞ야亂階를馴致ᄒᆞ야變을都邑에興ᄒᆞ니万品이序를失ᄒᆞ고九廟가震驚ᄒᆞᆫ지라上으로祖宗에累ᄒᆞ고下로蒸庶에負ᄒᆞ야心을痛ᄒᆞ고貌를靦ᄒᆞ니罪가실상予에在ᄒᆞᆫ지라永히곳愧ᄒᆞ고悼ᄒᆞ야泉谷에墜홈과若ᄒᆞ니今으로부터中外ㅣ上書ᄒᆞ야奏ᄒᆞ는바에실어금다시聖神文武의號를言치말라

李希烈田悅王武俊李納等이 咸以勳舊로 各守藩維어늘 朕이 撫馭乖方ᄒᆞ야 致其疑懼ᄒᆞ니 朕實不君이라 人則何罪오 宜幷所管將吏等ᄒᆞ야 一切待之如初ᄒᆞ라 朱滔ㅣ 雖緣朱泚連坐나 路遠이라 必不同謀ㅣ니 如能效順이면 亦與惟新이니라 朱泚는 盜竊名器ᄒᆞ고 暴犯陵寢ᄒᆞ니 獲罪祖宗이라 朕不敢赦로ᄃᆡ 其脅從將吏百姓等은 去逆

墊陌錢墊音店卽除陌錢也

效順이면 並從赦例니라 其所加墊陌錢과 稅間架竹木茶漆榷鹽之類는 悉宜停罷호노라 墊都念反稻也 赦下에 四方人心이 大悅이러라 及上이 還長安明年에 李抱眞이 入朝호야 爲上言호되 山東이 宣布赦書에 士卒이 皆感泣호니 臣이 見人情이 如此호니 知賊을 不足平也니다

李希烈과田悅과王武俊과李納等이다勳舊로써各기藩維를守호거늘朕이撫馭홈을乖方히호야그疑懼를致호얏스니朕이실상君치못혼지라人인즉무슴罪오맛당이管혼바將吏等을并호야一切로待허기를初와갓치호라朱滔ㅣ비록朱泚를緣호야連坐가되얏스나路가遠혼지라반다시謀를갓치못호엿슬지니만일能히順홈을效호면또혼더부러惟新홀지니라朱泚는名器를盜竊호고陵寢을暴犯호야罪를祖宗에獲호얏스니朕이敢히赦호지못호되그脅從호든將吏百姓等은逆을去호고順을效호면並히赦例를從홀지니라그加헌바墊陌錢과間架竹木茶漆榷鹽에稅호는類는다맛당이停罷호노라赦를下호미四方의人心이크게悅호더라밋上이長安에還혼지明年에李抱眞이朝에入호야言을上호되山東이赦書를宣布홈에士卒이다感泣호니臣이人情이如此홈을見호니賊을足히平홀것이업는줄知호느이다

朱泚ㅣ更國號曰漢이라호다 王武俊田悅李納이 見赦令호고 皆去王號호고 上表謝罪호되 惟李希烈이 自恃兵强財富호야 遂卽皇帝位호고

臣實不能目此必盧杞貶逐之後蕭復方有是言

國號를大楚라ᄒᆞ다

朱泚ㅣ國號를更ᄒᆞ야曰漢이라ᄒᆞ다王武俊과田悅과李納이赦令을見ᄒᆞ고다王號를去ᄒᆞ고表를上ᄒᆞ야謝罪ᄒᆞ되오즉李希烈이兵强財富ᄒᆞᆷ을自恃ᄒᆞ야遂히皇帝位에即ᄒᆞ고國號를大楚라ᄒᆞ다

上이於行宮廡下(廡同撫反廡堂下周屋也)에貯諸道貢獻之物ᄒᆞ고榜曰瓊林大盈庫라ᄒᆞ니(榜木片題榜也)陸贄ㅣ以爲戰守之功에賞賚를未行而遽私別庫則士卒이怨望ᄒᆞ야無復鬪志라ᄒᆞ고上疏諫之ᄒᆞ니上이卽命去其榜ᄒᆞ다

上이行宮廡下에서諸道貢獻의物을貯ᄒᆞ고榜ᄒᆞ야曰瓊林大盈庫라ᄒᆞ니陸贄ㅣ써ᄒᆞ되戰守의功에賞賚를行치못ᄒᆞ고급히別庫를私ᄒᆞᆫ즉士卒이怨望ᄒᆞ야다시鬪ᄒᆞᆯ志가無ᄒᆞᆯ지라ᄒᆞ고疏를上ᄒᆞ야諫ᄒᆞ니上이곳命ᄒᆞ야其榜을去ᄒᆞ다

蕭復이嘗言於上曰陛下ㅣ踐阼之初에聖德이光被ᄒᆞ더니自用楊炎盧杞로濁亂朝政ᄒᆞ야以致今日ᄒᆞ니陛下ㅣ誠能變更睿志면臣이敢不竭力이리잇고儻使臣으로依阿苟免ᄒᆞ니臣實不能이니이다又嘗與盧杞로同奏事에杞ㅣ順上旨여ᄂᆞᆯ復이正色曰盧杞ㅣ言不正이라ᄒᆞ니上이愕然ᄒᆞ야退謂左右曰蕭復이輕朕이로다遂命復ᄒᆞ야充山東西荊湖等

道宣慰安撫使ᄒᆞ니實은踈之也러라

蕭復이上의게言ᄒᆞ야曰陛下ㅣ踐阼의初에聖德이光被러니楊炎과盧杞를用ᄒᆞ심으로붓터朝政을濁亂ᄒᆞ야셔今日에致ᄒᆞ얏스니陛下ㅣ誠히能히睿志를變更ᄒᆞ시면臣이敢히力을竭치아니ᄒᆞ리잇고만일臣으로ᄒᆞ야금阿에依ᄒᆞ야苟히免홀진ᄃᆡ臣이實상能치못ᄒᆞ니이다또일쯕盧杞로더부러奏事를同히ᄒᆞᆯᄉᆡ杞ㅣ上의旨를順ᄒᆞ거ᄂᆞᆯ復이色을正ᄒᆞ고曰言이正치못ᄒᆞ다ᄒᆞ니上이愕然ᄒᆞ야退ᄒᆞ야左右ᄃᆞ려謂ᄒᆞ야曰蕭復이朕을輕ᄒᆞᄂᆞᆫ도다드ᄃᆡ여復을命ᄒᆞ야山東西荊湖等道宣慰按撫使를充ᄒᆞ니實은踈홈이러라

二月에李懷光이旣脅朝廷ᄒᆞ야逐盧杞等ᄒᆞ고內不自安ᄒᆞ야遂有異志ᄒᆞ고又惡李晟이獨當一面ᄒᆞ야恐其成功ᄒᆞ야奏請ᄒᆞ되與晟合軍ᄒᆞ니이다詔許之ᄒᆞ다懷光이屯咸陽ᄒᆞ야累日逗留不進ᄒᆞ고密與朱泚로通謀ᄒᆞ다가事跡이頗露ᄒᆞ여늘李晟이屢奏ᄒᆞ되恐其有變이면爲所併ᄒᆞ리니請移軍東渭橋ᄒᆞ소셔上이從之ᄒᆞ다

二月에李懷光이이미朝廷을脅ᄒᆞ야盧杞等을逐ᄒᆞ고스ᄉᆞ로內에自安치못ᄒᆞ야드

듸여異志가有ᄒᆞ고또李晟이홀로一面을當홈을惡ᄒᆞ야그功을成홀가恐ᄒᆞ야奏請ᄒᆞᄃᆡ晟으로더부러軍을合ᄒᆞ겟다ᄒᆞ니詔ᄒᆞ야許ᄒᆞ다懷光이咸陽에屯ᄒᆞ야累日을逗留ᄒᆞ고進치아니ᄒᆞ고비密히朱泚로더부러謀를通ᄒᆞ다가事의跡이자못露ᄒᆞ거늘李晟이屢奏ᄒᆞᄃᆡ恐컨ᄃᆡ그變이有ᄒᆞ면倂홀바가될지니請컨ᄃᆡ軍을東渭橋로移ᄒᆞ소셔上이從ᄒᆞ다

城隍 隍城池也有水曰池無水曰隍

丁卯에懷光이遣其將趙昇鸞ᄒᆞ야入奉天ᄒᆞ니渾瑊이聞之ᄒᆞ고遽上請決幸梁州ᄒᆞᆫᄃᆡ上이從之ᄒᆞ다

丁卯에懷光이其將趙昇鸞을遣ᄒᆞ야奉天에入ᄒᆞ니渾瑊이聞ᄒᆞ고급히上게請ᄒᆞ야梁州에幸홈을決ᄒᆞᆫᄃᆡ上이從ᄒᆞ다

除李晟河中同絳節度使ᄒᆞ야加平章事ᄒᆞ다晟이得除官制에拜哭受命ᄒᆞ고謂將佐曰長安은宗廟所在요天下根本이니若諸將이皆從行이면誰當滅賊者오乃治城隍ᄒᆞ고繕甲兵ᄒᆞ야爲復京城之計러라是時에懷光朱泚ㅣ連兵에聲勢ㅣ甚盛이라車駕ㅣ南行ᄒᆞ니人情이擾擾ᄒᆞ여ᄂᆞᆯ晟이以孤軍으로處二强寇之間ᄒᆞ야內無資糧ᄒᆞ고外

姪緖所殺目兵馬使田緖承嗣之子也凶險多過失悅杖而拘之緖與左右謀殺悅

無救援호ᄃᆡ徒以忠義로感激將士故로其衆이雖單弱이나而銳氣不衰러라

李晟을河中同絳節度使를除ᄒᆞ야平章事를加ᄒᆞ다晟이官制除ᄒᆞᆷ을得ᄒᆞᆷ에拜ᄒᆞ며哭ᄒᆞ고命을受ᄒᆞ고將佐더러謂ᄒᆞ야曰長安은宗廟의所在오天下의根本이니만일諸將이다從ᄒᆞ야行ᄒᆞ면誰가맛당이賊을滅ᄒᆞᆯ者리오이에城隍을治ᄒᆞ고甲兵을繕ᄒᆞ야京城을復ᄒᆞᆯ計를ᄒᆞ더라이ᄯᅢ에懷光과朱泚ㅣ兵을連ᄒᆞᆷ에聲勢가심히盛ᄒᆞ지라車駕ㅣ南으로行ᄒᆞ니人情이擾擾ᄒᆞ거ᄂᆞᆯ晟이孤軍으로써二强寇의間에處ᄒᆞ야內로ᄂᆞᆫ資糧이無ᄒᆞ고外로ᄂᆞᆫ救援이無호ᄃᆡᄒᆞᆫ갓忠義로써將士를感激ᄒᆞᄂᆞᆫ故로其衆이비록單弱ᄒᆞ나銳氣가衰치안터라

三月에田悅이爲其姪緖의所殺ᄒᆞ다緖ㅣ權知軍府事ᄒᆞ고使使奉表ᄒᆞ야詣行在ᄒᆞ야城守以俟命ᄒᆞ다

三月에田悅이其姪緖의殺ᄒᆞᆫ바가되다緖ㅣ權으로軍府事를知ᄒᆞ고使를부려表를奉ᄒᆞ야行在에詣ᄒᆞ야城을守ᄒᆞ고써命을俟ᄒᆞ다

始에李懷光이方强ᄒᆞ니朱泚ㅣ畏之ᄒᆞ야與懷光書호ᄃᆡ以兄事之러니及懷光이決反ᄒᆞ야逼乘輿南幸ᄒᆞ야ᄂᆞᆫ其下ㅣ多叛之ᄒᆞ야勢益弱이라泚ㅣ

胥徒讀曰諝有才智之稱謂其才智爲什長故一胥十徒也
輿皁々皁同皁

乃賜懷光詔書ᄒᆞ야以臣禮로待之ᄒᆞ고且徵其兵ᄒᆞ니懷光이慚怒ᄒᆞ야內憂麾下ㅣ爲變ᄒᆞ고外恐李晟이襲之ᄒᆞ야遂燒營ᄒᆞ고東走河中ᄒᆞ니將士ㅣ在道ᄒᆞ야散亡이相繼러라

始에李懷光이바야로强ᄒᆞ니朱泚ㅣ畏ᄒᆞ야書를懷光에게與호ᄃᆡ兄으로써事ᄒᆞ더니懷光이反을決ᄒᆞ야乘輿ㅣ南幸홈을逼홈에及ᄒᆞ야ᄂᆞᆫ其下ㅣ多叛ᄒᆞ야勢가더옥弱ᄒᆞᆫ지라泚ㅣ이에懷光의게詔書울賜ᄒᆞ야臣禮로써ᄃᆡ접ᄒᆞ고ᄯᅩ其兵을徵ᄒᆞ니懷光이慚怒ᄒᆞ야內로ᄂᆞᆫ麾下ㅣ變ᄒᆞᆯ가憂ᄒᆞ고外로ᄂᆞᆫ李晟이襲ᄒᆞᆯ가恐ᄒᆞ야드듸여營을燒ᄒᆞ고東으로河中으로走ᄒᆞ니將士ㅣ道에在ᄒᆞ야散ᄒᆞ고亡홈이서로繼ᄒᆞ더라

上이在道에民有獻瓜果者ㅣ어늘上이欲以散試官으로授之ᄒᆞ야訪於陸贄ᄒᆞᆫᄃᆡ贄ㅣ上表ᄒᆞ니其畧에曰自兵興以來로財賦ㅣ不足以供賜而職官之賞이興焉ᄒᆞ야靑朱ㅣ雜沓於胥徒ᄒᆞ고(沓徒合反 混雜之稱)金紫ㅣ普施於輿皁ᄒᆞ니當今所病이方在爵輕이라設法貴之라도猶恐不重이어늘若又自棄면將何勸人이리잇고若獻瓜果者를亦授試官則彼ㅣ必相謂曰吾以忘軀命而獲官이어늘此以進瓜果而獲官ᄒᆞ니是

國家ㅣ以吾之軀命으로同於瓜果矣라視人을如草木이라ᄒᆞ리니誰復爲用哉리잇고

上이道에在ᄒᆞᆷ에民이瓜果를獻ᄒᆞᄂᆞᆫ者ㅣ有ᄒᆞ거ᄂᆞᆯ上이散試官으로ᄡᅥ授ᄒᆞ고ᄌᆞᄒᆞ야陸贄에게訪ᄒᆞᆫ딕贄ㅣ表를上ᄒᆞ니其畧에曰兵이興ᄒᆞᆷ으로부터ᄡᅥ來ᄒᆞᆷ으로財賦ㅣ足히ᄡᅥ賜를供치못ᄒᆞ야職官에賞이興ᄒᆞ야靑과朱가胥徒에雜沓ᄒᆞ고金紫ㅣ輿皁에게普施ᄒᆞ니當今에病되ᄂᆞᆫ바ᄂᆞᆫ方히爵을輕ᄒᆞᆷ에在ᄒᆞᆫ지라法을設ᄒᆞ야貴히ᄒᆞ드라도오히려重히안니ᄒᆞᆯ가恐ᄒᆞ거ᄂᆞᆯ만일ᄯᅩᄉᆞᄉᆞ로棄ᄒᆞ면쟝ᄎᆞᆺ엇지人을勸ᄒᆞ리잇고만일獻瓜ᄒᆞᆫ者를ᄯᅩᄒᆞᆫ試官을授ᄒᆞ신즉彼가반다시셔로謂ᄒᆞ야曰吾ᄂᆞᆫ軀命을忘ᄒᆞᆷ으로ᄡᅥ官을獲ᄒᆞ엿더니此ᄂᆞᆫ瓜果를進ᄒᆞᆷ으로ᄡᅥ官을獲ᄒᆞ니是ᄂᆞᆫ이에國家ㅣ吾에軀命으로ᄡᅥ瓜果와同히ᄒᆞᆷ이라人을視ᄒᆞᆷ을草木과如히ᄒᆞᆫ다ᄒᆞ리니뉘다시用ᄒᆞᆷ이되리잇고

陸贄ㅣ在翰林ᄒᆞ야爲上의所親信이라居艱難中ᄒᆞ야雖有宰相이나大小之事를上이必與贄로謀之故로當時에謂之內相이라ᄒᆞ니然이나贄ㅣ數直諫ᄒᆞ야迕上意ᄒᆞ고盧杞ㅣ雖貶官이나上이心庇之ᄒᆞ니贄ㅣ極言ᄒᆞ되杞ㅣ奸邪致亂이라ᄒᆞ되上이雖貌從이나心頗不悅故로劉從一姜公

輔ㅣ皆自下僚로登用ᄒᆞ고贄ᄂᆞᆫ恩遇ㅣ雖隆ᄒᆞ나未得爲相이러라

陸贄ㅣ翰林에在ᄒᆞ야上의親信ᄒᆞᆫ바가된지라艱難中에居ᄒᆞ야비록宰相이有ᄒᆞ나大小의事를上이반다시贄로더부러謀ᄒᆞᄂᆞᆫ故로當時에內相이라謂ᄒᆞ나그러ᄒᆞ나贄ㅣ자조直게諫ᄒᆞ야上의意를忤ᄒᆞ고盧杞ㅣ비록官을貶ᄒᆞ얏스나上이心으로庇ᄒᆞ니贄ㅣ極히言ᄒᆞ되杞가奸邪ᄒᆞ야亂을致ᄒᆞ리라ᄒᆞ되上이비록貌로ᄂᆞᆫ從ᄒᆞ나心에ᄂᆞᆫ자못悅ᄒᆞ지안ᄂᆞᆫ故로劉從一과姜公輔ㅣ다下僚로부터登用ᄒᆞ고贄ᄂᆞᆫ恩遇가비록隆ᄒᆞ나相홈을得지못ᄒᆞ엿더라

李晟家百口와及神策軍士家屬이皆在長安이러라朱泚ㅣ善遇之ᄒᆞ니軍中이有言及家者ㅣ여ᄂᆞᆯ晟이泣曰天子ㅣ何在완ᄃᆡ敢言家乎아泚使晟의親近이라以家書로遺晟曰公家ㅣ無恙이라ᄒᆞᆫᄃᆡ晟이怒曰爾ㅣ敢爲賊間이라ᄒᆞ고立斬之ᄒᆞ다軍士ㅣ未授春衣ᄒᆞ야盛夏에猶衣裘褐호ᄃᆡ終無叛志러라渾瑊이帥諸軍ᄒᆞ고屯奉天ᄒᆞ야與李晟으로東西相應ᄒᆞ야以逼長安ᄒᆞ다

李晟의家百口와밋神策軍士의家屬이다長安에在ᄒᆞᆫ지라朱泚ㅣ善遇ᄒᆞ니軍中이

唐安公主 上之長女

左庶子太子官屬左庶子爲之長掌侍從贊相敎正奏秩四百石

家에言及ᄒᆞᆫ논者ㅣ有ᄒᆞ거ᄂᆞᆯ晟이泣ᄒᆞ며曰天子ㅣ어ᄃᆡ在ᄒᆞ시관ᄃᆡ敢히家를言ᄒᆞ랴洮使ㅣ晟의親近이라家書로써晟의게遺ᄒᆞ야曰公의家ㅣ無恙ᄒᆞ다ᄒᆞᆫᄃᆡ晟이怒ᄒᆞ야曰爾가敢히賊을위ᄒᆞ야間ᄒᆞᆫ다ᄒᆞ고즉시斬ᄒᆞ다軍士ㅣ春衣를授ᄒᆞ지못ᄒᆞ야盛夏에오히려裘褐를衣호ᄃᆡ마ᄎᆞᆷ니叛ᄒᆞᆯ志가無ᄒᆞ드라渾瑊이諸軍을帥ᄒᆞ고奉天에屯ᄒᆞ야李晟으로더부러東西에셔서로應ᄒᆞ야써長安을逼ᄒᆞ다

上이欲爲唐安公主ᄒᆞ야造塔厚葬之ᄒᆞᆫᄃᆡ姜公輔ㅣ表諫이어ᄂᆞᆯ上이使謂陸贄曰唐安造塔이其費ㅣ甚微ᄒᆞ니非宰相에所宜論이어ᄂᆞᆯ公輔ㅣ正欲指朕過失ᄒᆞ야自求名耳라相負ㅣ如此ᄒᆞ니當何處之오贄ㅣ上奏以爲ᄒᆞ되公輔ㅣ任居宰相ᄒᆞ야遇事論諫ᄒᆞ니不當罪之니이다上이猶怒ᄒᆞ야罷公輔爲左庶子ᄒᆞ다

上이唐安公主를위ᄒᆞ야塔을造ᄒᆞ야葬을厚히ᄒᆞ고져ᄒᆞᆫᄃᆡ姜公輔ㅣ表諫ᄒᆞ거ᄂᆞᆯ上이ᄒᆞ야금陸贄더러謂ᄒᆞ야曰唐安의造塔이其費가甚히微ᄒᆞ니宰相에맛당이論ᄒᆞᆯ바가안니여ᄂᆞᆯ公輔ㅣ正히朕의過失을指ᄒᆞ야스ᄉᆞ로名을求ᄒᆞ고ᄌᆞᄒᆞᄂᆞᆫ니라相負ㅣ此와如ᄒᆞ니맛당이엇지處ᄒᆞᆯ고贄ㅣ上奏ᄒᆞ야써ᄒᆞ되公輔ㅣ宰相에任居ᄒᆞ야事를遇ᄒᆞ야論諫ᄒᆞ니當히罪치아ᄂᆞᆯ지니이다上에意가오히려怒ᄒᆞ야公輔를罷ᄒᆞ야

張皇皇大也

左庶子를삼다

上이問陸贄ᄒᆞ대 近有卑官이 自山北으로來者ㅣ 率非良士라 有邢建者ㅣ 論說賊勢로되 語最張皇이라 察其事情ᄒᆞ니 頗似窺覘이라(覘敕廉反視也) 今已於一所에 安置나 如此之類ㅣ 更有數人이라 若不追尋이면 恐成奸計니 卿이 試思之ᄒᆞ니 如何爲便고 贄ㅣ 上奏ᄒᆞ니 其略에 曰以一人之聽覽而欲窮宇宙之變態ᄒᆞ고 以一人之防慮而欲勝億兆之奸欺ㅣ면 役智ㅣ 彌精ᄒᆞ고 失道ㅣ 彌遠이라 項籍이 納秦卒二十萬ᄒᆞ고 慮其懷詐復叛ᄒᆞ야 一擧而盡坑之ᄒᆞ니 其於防虞에 亦已甚矣요 漢高ㅣ 豁達大度ᄒᆞ야(豁謂豁然開大之貌) 天下之士ㅣ 至者를 納用不疑ᄒᆞ니 其於備慮에 可謂疏矣나 然而項氏는 以滅ᄒᆞ고 劉氏는 以昌ᄒᆞ니 蓄疑之與推誠이 其效ㅣ 固不同也라 秦皇이 嚴肅雄猜而荊軻ㅣ 奮其陰計ᄒᆞ고 光武ㅣ 寬容博厚而馬援이 輸其款誠ᄒᆞ니 豈不以虛懷待

數 御敎計也
區寓 寓彙同宇
勝殘 註勝賊

人이면 人亦思附요 任數御物이면 物終不親이니잇고 又曰陛下ㅣ 智出庶物ᄒᆞ야 有輕待人臣之心ᄒᆞ고 思周萬機ᄒᆞ야 有獨御區寓之意ᄒᆞ고(寓主矩反 猶言宇宙) 謀合衆畧ᄒᆞ야 有過愼之防ᄒᆞ고 明照羣情ᄒᆞ야 有先事之察ᄒᆞ고 嚴束百辟ᄒᆞ야 有任刑致理之規ᄒᆞ고 威制四方에 有以力勝殘之志ᄒᆞ니 由是로 才能者ㅣ 怨於不任ᄒᆞ고 忠藎者ㅣ 憂於見疑ᄒᆞ고(藎才及反詩王之藎臣藎進也忠愛之篤進進無己也) 著勳業者ᄂᆞᆫ 懼於不容ᄒᆞ고 懷反側者ㅣ 迫於及討ᄒᆞ야 馴致離叛ᄒᆞ야 構成禍災ᄒᆞ니 願陛下ᄂᆞᆫ 以覆車之轍로 爲戒ᄒᆞ시면 實宗社無彊之休ㅣ니이다

上이陸贄더러問ᄒᆞᆫ되近에卑官이有ᄒᆞ야山北으로부터來ᄒᆞᆫ者ㅣ도모지良士ㅣ아니라邢建者가有ᄒᆞ야賊勢을論說ᄒᆞᆫ되語ㅣ가장張皇ᄒᆞᆫ지라其事情을察ᄒᆞ니쟈못窺覘ᄒᆞᆷ과如ᄒᆞᆫ지라이제임의一所에安置ᄒᆞ얏스나이갓ᄒᆞᆫ類ㅣ다시數人이有ᄒᆞᆫ지라만일推尋ᄒᆞ지아니ᄒᆞ면奸計를成ᄒᆞᆯ가恐ᄒᆞ니卿은試ᄒᆞ야싱각ᄒᆞ니如何ᄒᆞ면便ᄒᆞᆯ고贄ㅣ上奏ᄒᆞ니其畧에曰一人의聽覽으로써宇宙의變態를窮ᄒᆞ고ᄌᆞᄒᆞ고一人의防慮로써億兆의奸欺를勝ᄒᆞ고ᄌᆞᄒᆞ면智를役ᄒᆞᆷ이彌精ᄒᆞ고道를失ᄒᆞᆷ이彌遠ᄒᆞᆯ

지라項籍ㅣ이秦卒二十萬을納ᄒᆞ고其詐을懷ᄒᆞ고다시叛ᄒᆞᆯ가慮ᄒᆞ야ᄒᆞᆫ번擧ᄒᆞ야
다坑ᄒᆞ얏스니其防虞ᄒᆞᆷ에ᄯᅩᄒᆞᆫ甚ᄒᆞ고漢高ᄂᆞᆫ豁達大度ᄒᆞ야天下의士ㅣ至ᄒᆞᆫ者
를納用호ᄃᆡ疑치아니ᄒᆞ니其備慮ㅣ가히일으되疏라ᄒᆞᆯ지나然이나項氏ᄂᆞᆫ써滅ᄒᆞ
고劉氏ᄂᆞᆫ써昌ᄒᆞ얏스니疑를蓄ᄒᆞᆷ과다못誠을推ᄒᆞᆷ이其效ㅣ진실로갓지아니ᄒᆞᆫ지
라奏皇이嚴肅ᄒᆞ고雄猜호ᄃᆡ荊軻ㅣ其陰計를奮ᄒᆞ고光武ㅣ寬容ᄒᆞ고博厚ᄒᆞ야馬
援이其欵誠을輸ᄒᆞ엿스니웃지虛懷로써人을待ᄒᆞ면人도ᄯᅩᄒᆞᆫ附ᄒᆞᆷ을思ᄒᆞᆯ거시요
任數로物을御ᄒᆞ면物도마ᄎᆞᆷ니親치안니ᄒᆞᆷ이아니니잇고ᄯᅩ골ᄋᆞ되陛下ㅣ智ㅣ庶
物에出ᄒᆞ야人臣를待ᄒᆞ시ᄂᆞᆫ心이輕ᄒᆞᆷ이有ᄒᆞ고思ㅣ萬機에周ᄒᆞ야ᄒᆞᆯ노區寓에御
ᄒᆞ실意가有ᄒᆞ고謀ㅣ衆畧을呑ᄒᆞ야過愼의防이有ᄒᆞ고明이羣情을照ᄒᆞ야先事의
察이有ᄒᆞ고百辟을嚴束ᄒᆞ야刑을任ᄒᆞ고理를致ᄒᆞᄂᆞᆫ規가有ᄒᆞ고威로四方을制ᄒᆞ
야力으로써殘ᄒᆞᆷ을勝ᄒᆞᆯ志가有ᄒᆞ니是로由ᄒᆞ야才能ᄒᆞᆫ者ㅣ任치못ᄒᆞᆷ을怨ᄒᆞ고忠
藎者ㅣ見疑ᄒᆞᆷ을憂ᄒᆞ고勳業을著ᄒᆞᆫ者ㅣ容치못ᄒᆞᆷ을懼ᄒᆞ고反側을懷ᄒᆞᆫ者ㅣ及討
에迫ᄒᆞ야離叛를馴致ᄒᆞ야禍災를構成ᄒᆞ니원컨ᄃᆡ陛下ᄂᆞᆫ覆車의轍로써戒을ᄒᆞ시
면實상宗社의無彊의休ㅣ니이다

上이謂陸贄曰渾瑊李成諸軍을當議規畫ᄒᆞ야令其進取ㅣ니라贄ㅣ
以爲賢君이選將에委任責成故로能有功이라ᄒᆞ야乃上奏ᄒᆞ니其畧에

曰鋒鏑交於原野(鋒戈戟及也 鏑箭鏃也)而決策於九重之中ᄒᆞ고 機會變於斯須而定計於千里之外ᄒᆞ야 用捨ㅣ 相礙ᄒᆞ고 否臧ㅣ 皆凶ᄒᆞ니 上有掣肘之譏ᄒᆞ고(掣昌逝反一昌列反曳也掣肘言爲人所牽制也掣肘語出家語屈節解篇) 下無死綏之志라(綏車中所把索也如人騎馬者必執韁繩死綏謂執綏而殊死戰不奔之而奔亡) 君上之權은 特異臣下ᄒᆞ니 惟不自用이라사 乃能用人이니이다

上이 陸贄더러 謂ᄒᆞ야 曰渾瑊과 李晟諸軍을 맛당이 規畫를 議ᄒᆞ야ᄒᆞ야곰 그 進取ᄒᆞᆯ지니라 贄써ᄒᆞ되 賢君이 將을 選ᄒᆞ미 委任ᄒᆞ야 責成ᄒᆞᄂᆞᆫ 故로 能히 功이 有라ᄒᆞ야 이에 奏를 上ᄒᆞ니 其畧에 曰鋒鏑이 原野에서 交ᄒᆞᆷ에 策을 九重의 中에서 決ᄒᆞ고 機會를 斯須에 變ᄒᆞ야 計를 千里外에서 定ᄒᆞ야 用ᄒᆞ고 捨ᄒᆞᆷ이 서로 礙ᄒᆞ고 否와 臧이 다 凶ᄒᆞ니 上으로ᄂᆞᆫ 掣肘의 譏가 有ᄒᆞ고 下로ᄂᆞᆫ 死綏ᄒᆞᆯ 志가 無ᄒᆞᆫ지라 君上의 權은 臣下와 特異ᄒᆞ니 오쥭 시ᄉᆞ로 用치 아니ᄒᆞ야사 이에 能히 人을 用ᄒᆞᄂᆞ니다

(庚寅)에 李晟이 大陳兵ᄒᆞ야 諭以收復京城ᄒᆞ고 遂引兵至通化門外ᄒᆞ니 泚兵이 大至ᄒᆞ여ᄂᆞᆯ 晟이 縱兵擊之ᄒᆞ니 賊이 敗走ᄒᆞ여ᄂᆞᆯ 再戰又破之ᄒᆞ니 賊衆이 大潰라 泚令言이 帥餘衆ᄒᆞ고 西走ᄒᆞ여ᄂᆞᆯ 晟이 屯於含元殿前ᄒᆞ고

尙可孤晟之裨將

令諸軍曰晟이 賴將士之力ᄒᆞ야 克淸宮禁ᄒᆞ니 長安士庶ㅣ 久陷
賊庭이라 (謂朱泚) 若小有震驚이면 非弔民伐罪之意로다 晟에 大將高明
曜ㅣ 取賊妓ᄒᆞ고 尙可孤의 軍士는 擅取賊馬ᄒᆞ여늘 晟이 皆斬之ᄒᆞ니 軍中
이 股慄ᄒᆞ고 公私安堵ᄒᆞ야 秋毫無犯이러라 六月에 晟이 遣掌書記于公
異ᄒᆞ야 作露布上行在ᄒᆞ야 (軍中露布皆書於帛建於漆竿) 曰臣이 己肅淸宮禁ᄒᆞ고 祗謁寢
園ᄒᆞ니 鍾簴不移ᄒᆞ고 (簴音巨說文鍾鼓之跗以猛獸爲飾) 廟貌ㅣ 如故ㅣ라ᄒᆞ니 上이 泣下曰天生李
晟은 以爲社稷이오 非爲朕也로다

庚寅에李晟이크게兵을陳ᄒᆞ야京城을收復홈으로써諭ᄒᆞ고드듸여兵을引ᄒᆞ고通
化門外에至ᄒᆞ니泚의兵이크게至ᄒᆞ거놀晟이兵을縱ᄒᆞ야擊ᄒᆞ니賊이敗ᄒᆞ야走ᄒᆞ
거놀再戰ᄒᆞ야또破ᄒᆞ니賊의衆이크게潰ᄒᆞ는지라泚令言이餘衆을帥ᄒᆞ고西으로
走ᄒᆞ거놀晟이含元殿前에屯ᄒᆞ고諸軍의게令ᄒᆞ야曰晟이將士의力을賴ᄒᆞ야宮禁
을克淸ᄒᆞ니長安士庶ㅣ오ᄅᆡ賊庭에陷ᄒᆞᆫ지라만일져기震驚홈이有ᄒᆞ면民을弔ᄒᆞ
고罪를伐ᄒᆞ는意가안이로다晟에大將高明曜는賊妓를取ᄒᆞ고尙可孤의軍士는擅
히賊馬를取ᄒᆞ거놀晟이다斬ᄒᆞ니軍中이股慄ᄒᆞ고公私ㅣ堵를安ᄒᆞ야秋毫도犯홈

이無ᄒᆞ더라六月에晟이掌書記를公異에게遣ᄒᆞ야露布를作ᄒᆞ야行在에上ᄒᆞ야曰
臣이이미宮禁을肅淸ᄒᆞ고寢園에祇謁ᄒᆞ니鍾簴ㅣ移치아니ᄒᆞ고廟貌ㅣ故와如ᄒᆞ
다ᄒᆞ니上이泣下ᄒᆞ야曰天이李晟을生ᄒᆞ심은써社稷을爲ᄒᆞ심이오朕을爲ᄒᆞᆷ이아니
로다

**車駕ㅣ至長安ᄒᆞ니李晟이謁見上於三橋ᄒᆞ고先賀平賊ᄒᆞ고後謝收復之晚ᄒᆞ다**

車駕ㅣ長安에至ᄒᆞ니李晟이上을三橋에서謁見ᄒᆞ고먼저平賊ᄒᆞᆷ을賀ᄒᆞ고後에收
復의晚ᄒᆞᆷ을謝ᄒᆞ다

**初에肅宗이在靈武에上이爲奉節王ᄒᆞ야學文於李泌이러니代宗之世에泌이居蓬萊書院이어늘上이爲太子ᄒᆞ야亦與之遊러니上이在興元에泌ㅣ爲杭州刺史라上이急詔徵之ᄒᆞ니與睦州刺史杜亞로俱詣行在어늘以泌로爲左散騎常侍ᄒᆞ야日直西省ᄒᆞ다**

興元即漢西省門下省謂之東省中書謂之西省也

初에肅宗이靈武에在ᄒᆞᆷ에上이奉節王을삼어文을李泌에게學ᄒᆞ엿더니代宗의世
에泌이蓬萊書院에居ᄒᆞ거늘上이太子가되야또ᄒᆞᆫ더부러遊ᄒᆞ더니밋上이興元에

在ᄒᆞᆷ에泌이杭州刺史가된지라上이急히詔로徵ᄒᆞ니睦州刺史杜亞로더부러ᄒᆞᆷ가
지行在에詣ᄒᆞ거늘泌로써左散騎常侍를삼어日로西省에直케ᄒᆞ다

夢魘音壓驚夢氣虛心懼而神亂則魘思

上이問李泌ᄒᆞ되河中은密邇京城ᄒᆞ고朔方兵은素稱精銳라朕이晝夕憂之ᄒᆞ노니奈何오對曰天下事ㅣ甚有可憂者ᄒᆞ니若惟河中은不足憂也니이다懷光이既解奉天之圍에視朱泚垂亡之虜ᄒᆞ되不能取ᄒᆞ고乃與之連和라使李晟으로得取以爲功ᄒᆞ고今陛下已還宮闕에懷光이不束身歸罪ᄒᆞ고乃虐殺使臣ᄒᆞ고鼠伏河中ᄒᆞ니如夢魘之人耳라但恐不日에爲帳下所梟요使諸將으로無以藉手也니이다

上이李泌에게問ᄒᆞ되河中은京城에密邇ᄒᆞ고朔方兵은본ᄃᆡ精銳ᄒᆞᆷ을稱ᄒᆞᄂᆞᆫ지라
朕이晝와夕에憂ᄒᆞ노니奈何오對曰天下事ㅣ甚히可憂ᄒᆞᆯ者ㅣ有ᄒᆞ니오ᄌᆞᆨ河中갓
흠은足히憂ᄒᆞᆯ것이아니니다懷光이이미奉天의圍를解ᄒᆞ되朱泚垂亡의虜를視
ᄒᆞ되能히取치아니ᄒᆞ고이에더부러連和ᄒᆞ야李晟으로ᄒᆞ야금取ᄒᆞᆷ을得ᄒᆞ야써功
을ᄒᆞ니今에陛下ㅣ이미宮闕에還ᄒᆞ시매懷光이身을束ᄒᆞ고罪에歸ᄒᆞ지아니ᄒᆞ고

兩軍左右
神策軍
宿將久將
也
左廂廂彙
廡也廊也
東西室也

이에使臣을虐殺ᄒᆞ고鼠갓치河中에伏ᄒᆞ니夢魘의人과如ᄒᆞᆫ지라다만恐ᄒᆞ건ᄃᆡ不
日에帳下에梟ᄒᆞᆯ바ㅣ되야諸將으로ᄒᆞ야금써手ᄅᆞᆯ藉ᄒᆞᆷ이無케ᄒᆞ리이다

**初에魚朝恩이既誅에代宗이不復使宦官으로典兵이러니上이即位에悉以禁兵으로委白志貞ᄒᆞ니志貞이得罪여ᄂᆞᆯ上이復以宦官竇文場으로代之ᄒᆞ야從幸山南ᄒᆞ니兩軍이漸集이러니上이還長安ᄒᆞ야頗忌宿將의握兵多者ᄒᆞ야稍稍罷之ᄒᆞ고以文場으로監神策軍左廂兵馬使ᄒᆞ고王希遷으로監右廂兵馬使ᄒᆞ고始令宦官으로典禁旅ᄒᆞ다**

初에魚朝恩이이미誅ᄒᆞ미代宗이다시宦官으로ᄒᆞ야금兵을典ᄒᆞ지못ᄒᆞ게ᄒᆞ더니上이位에即ᄒᆞ미다禁兵으로써白志貞이게委ᄒᆞ니志貞이罪ᄅᆞᆯ得ᄒᆞ거ᄂᆞᆯ上이다시宦官竇文場으로써代ᄒᆞ야山南에從幸ᄒᆞ니兩軍이漸히集ᄒᆞ더라上이長安에還ᄒᆞ야ᄌᆞ못宿將의兵握ᄒᆞᆷ이多ᄒᆞᆫ者ᄅᆞᆯ忌ᄒᆞ야稍々히罷ᄒᆞ고文場으로써神策軍左廂兵馬使ᄅᆞᆯ監ᄒᆞ게ᄒᆞ고王希로遷ᄒᆞ야右廂兵馬使ᄅᆞᆯ監케ᄒᆞ고비로소宦官으로ᄒᆞ야금禁旅ᄅᆞᆯ典케ᄒᆞ다

**時에連年旱蝗ᄒᆞ야度支資糧이匱竭이라言事者ㅣ多請赦李懷光**

ᄒᆞ되 李晟이 上言ᄒᆞ되 赦懷光이면 有五不可니이다 馬燧自行營으로 入朝ᄒᆞ야 奏稱懷光이 凶逆尤甚ᄒᆞ니 赦之면 無以令天下니 願更得一月糧ᄒᆞ야 必爲陛下平之ᄒᆞ노이다 上이 許之ᄒᆞ니 八月에 燧ㅣ 帥諸軍ᄒᆞ고 至河西ᄒᆞ니 河中軍士ㅣ 自相驚亂이라 懷光이 不知所爲ᄒᆞ고 乃縊而死ᄒᆞ니 燧ㅣ 自辭行으로 至河中平에 凡二十七日이러라

時에 年을 連ᄒᆞ야 旱蝗ᄒᆞ야 度支資糧이 匱竭ᄒᆞᆫ지라 事를 言ᄒᆞᄂᆞᆫ 者ㅣ 만히 李懷光을 赦ᄒᆞ라 請ᄒᆞ되 李晟이 言을 上ᄒᆞ되 懷光을 赦ᄒᆞ면 五不可ᄒᆞᆷ이 有ᄒᆞ니이다 馬燧ㅣ 行營으로부터 朝에 入ᄒᆞ야 奏稱ᄒᆞ되 懷光이 凶逆이 尤甚ᄒᆞ니 赦ᄒᆞ면 써 天下에 令ᄒᆞᆯ 슈 업스니 願컨ᄃᆡ 一月糧을 更得ᄒᆞ야 반다시 陛下를 爲ᄒᆞ야 平ᄒᆞ겟노이다 上이 許ᄒᆞ니 八月에 燧ㅣ 諸軍을 帥ᄒᆞ고 河西에 至ᄒᆞ니 河中軍士ㅣ 스ᄉᆞ로 서로 驚亂ᄒᆞᄂᆞᆫ지라 懷光이 所爲를 不知ᄒᆞ야 이에 縊ᄒᆞ야 死ᄒᆞ니 燧ㅣ 辭行ᄒᆞᆷ으로봇허 河中平에 至ᄒᆞᆷ이 무릇 二十七日이러라

(乙丑)貞元元年이라 上이 使問陸贄ᄒᆞ되 河中이 既平ᄒᆞ니 復有何事오 所宜區處를 悉令條奏ᄒᆞ라 贄ㅣ 以河中이 既平에 慮必有希旨

新附諸師 謂李納王武俊田緒等

生事之人이以爲王師면所向無敵이니請乘勝討淮西者ㅣ며李希烈이必誘諭其所部와及新附諸師曰奉天息兵之旨는乃因窘急而言이라朝廷이稍安ᄒᆞ니必復誅伐ᄒᆞ리니如此則四方負罪者ㅣ孰不自疑리요河朔靑齊ㅣ固當響應ᄒᆞ야兵連禍結ᄒᆞ야賦役이繁興이면建中之憂ㅣ行將復起라ᄒᆞ야乃更奏ᄒᆞ니其略에曰福不可以屢徼요幸不可以常覬라臣은姑以生禍로爲憂而未敢以獲福으로爲賀ᄒᆞ노이다又曰曩討之而愈叛이어니今釋之而必來ᄒᆞ고曩以百萬之師而力殫이러니今以咫尺之詔而化洽ᄒᆞ니是則聖王之敷理道ᄒᆞ야服暴人에任德而不任兵이明矣ㅣ니이다上이乃詔諸道ᄒᆞ야與淮西連接者로宜各守封疆ᄒᆞ고非彼侵軼이어던不須進討ᄒᆞ고李希烈이若降이면待以不死요自餘將士百姓은一無所問ᄒᆞ라

貞元元年이라上이ᄒᆞ야금陸贄더러問호ᄃᆡ河中이이미平ᄒᆞ니다시何事가有ᄒᆞᆯ고

宜ᄒᆞᆫ바區處ᄅᆞᆯ다ᄒᆞ야금條ᄒᆞ야奏ᄒᆞ라贊ㅣ써河中이이미平ᄒᆞ미慮ㅣ반다시希旨生事의人이써王師ㅣ됨이有ᄒᆞ면向ᄒᆞᄂᆞᆫ바에敵ᄒᆞ리가無ᄒᆞᆯ지니請컨ᄃᆡ勝ᄒᆞᆷ을乘ᄒᆞ야淮西ᄅᆞᆯ討ᄒᆞᆯ者ㅣ니이다李希烈이반다시其所部와밋新附ᄒᆞᆫ諸帥ᄅᆞᆯ誘諭ᄒᆞ야日奉天에息兵ᄒᆞᄂᆞᆫ旨ᄂᆞᆫ이예窘急ᄒᆞᆷ을因ᄒᆞ야言ᄒᆞᆷ이라朝廷이稍安ᄒᆞ면반다시다시誅伐ᄒᆞ리니如此ᄒᆞᆫ즉四方에罪ᄅᆞᆯ負ᄒᆞᆫ者ㅣ누가스ᄉᆞ로疑심허지아니ᄒᆞ리요河朔青齊ㅣ진실노맛당니響을應ᄒᆞ야兵을連ᄒᆞ고禍ᄅᆞᆯ結ᄒᆞ야賦役이繁興ᄒᆞ면建中의憂ㅣ行ᄒᆞ야장찻다시起ᄒᆞᆯ겟다ᄒᆞ야이예다시奏ᄒᆞ니其略에曰福은可히써屢徼ᄒᆞ지못ᄒᆞᆯ거시요幸은可히써常覬ᄒᆞ지못ᄒᆞᆯ지라臣은아즉生禍ᄒᆞᆷ으로써憂을ᄒᆞ고敢히獲福으로써賀ᄒᆞ지안노이다또ᄀᆞᆯ으ᄃᆡ曩에ᄂᆞᆫ討ᄒᆞᄃᆡ愈히叛ᄒᆞ더니今에ᄂᆞᆫ釋ᄒᆞᄃᆡ반다시來ᄒᆞ고曩에ᄂᆞᆫ百萬의師로써ᄒᆞᄃᆡ力이殫ᄒᆞ더니今에ᄂᆞᆫ咫尺의詔로써化洽ᄒᆞ니是인則聖王이理道ᄅᆞᆯ敷ᄒᆞ야暴人을服ᄒᆞᆷ에德을任ᄒᆞ고兵을任치안음이明ᄒᆞ니이다上이이예諸道에詔ᄒᆞ야淮西連接者로더부러맛당이各기封疆을守ᄒᆞ고彼가侵軼ᄒᆞ지안커던須히進討허지말고李希烈이만일降ᄒᆞ면不死로써待ᄒᆞ고自餘將士百姓은一도問ᄒᆞᄂᆞᆫ바ㅣ無케허다

**(丙寅)二年이라李希烈이在蔡州ᄒᆞ야兵勢ㅣ日蹙이러니會에有疾ᄒᆞ니夏四月에大將陳仙奇ㅣ使醫陳山甫로毒殺之ᄒᆞ고因擧衆來降이여**

는兵馬使吳少誠이復殺仙奇ᄒᆞ고自爲留後ᄒᆞ다
二年이라李希烈이蔡州에在ᄒᆞ야兵勢ㅣ日로蹙ᄒᆞᆫ지라마참疾이有ᄒᆞ니夏四月에
大將陳仙奇ㅣ醫ㅣ陳山甫로ᄒᆞ야금毒으로殺ᄒᆞ고因ᄒᆞ야衆을擧ᄒᆞ고來降ᄒᆞ거ᄂᆞᆯ
兵馬使吳少誠이다시仙奇를殺ᄒᆞ고ᄉᆞᄉᆞ로留後가되다

關中에倉廩이竭ᄒᆞ야禁軍이或自脫巾ᄒᆞ고呼於道曰拘吾於軍而
不給粮ᄒᆞ니吾罪人也로다上이憂之甚이러니會에韓滉이運米三萬
斛ᄒᆞ야至陝이여ᄂᆞᆯ李泌ㅣ即奏之ᄒᆞᆫ대上이喜ᄒᆞ야遽至東宮ᄒᆞ야謂太子曰
米ㅣ已至陝ᄒᆞ니吾父子ㅣ得生矣로다時에禁中이不釀ᄒᆞ고命於防市
에取酒爲樂ᄒᆞ고又遣中使ᄒᆞ야諭神策六軍ᄒᆞ니軍士ㅣ皆呼萬歲러라
時에比歲饑饉ᄒᆞ야兵民이率皆瘦黑이러니至是에麥始熟ᄒᆞ고市有醉
人ᄒᆞ니當時에以爲嘉瑞라人乍飽食ᄒᆞ고死者ㅣ復五之一이러니數月
에人의膚色이乃復古ᄒᆞ다
關中에倉廩이竭ᄒᆞ야禁軍이或ᄉᆞᄉᆞ로巾을脫ᄒᆞ고道에서呼ᄒᆞ야日吾를軍에拘ᄒᆞ

고粮을不給ᄒᆞ니吾ᄂᆞᆫ罪人이로다上이憂ᄒᆞ기ᄅᆞᆯ甚히ᄒᆞ더니會에韓滉ㅣ米三萬斛을運ᄒᆞ야陝에至ᄒᆞ거ᄂᆞᆯ李泌이곳奏ᄒᆞᆫ디上이喜ᄒᆞ야급히東宮에至ᄒᆞ야太子ᄃᆞ려謂ᄒᆞ야曰米가이미陝에至ᄒᆞ얏스니吾父子ㅣ生을得ᄒᆞ리로다時에禁中이釀치안코命ᄒᆞ야市에酒ᄅᆞᆯ取ᄒᆞ야樂을홈을防ᄒᆞ고ᄯᅩ中使ᄅᆞᆯ遣ᄒᆞ야神策六軍에게諭ᄒᆞ니軍士ㅣ다萬歲ᄅᆞᆯ呼ᄒᆞ더라ᄯᅢ에歲ᄅᆞᆯ比ᄒᆞ야饑饉ᄒᆞ야兵民이도모지다瘦黑ᄒᆞ더니至是에麥이비로소熟ᄒᆞ고市에醉人이有ᄒᆞ니當時에ᄡᅥ嘉瑞라ᄒᆞᄂᆞᆫ지라人이乍히飽食ᄒᆞ고死者ㅣ五의一이復ᄒᆞ더니數月에人의膚色ㅣ이예復古ᄒᆞ다

初에上이與常侍李泌로議復府兵ᄒᆞ니泌ㅣ因爲上ᄒᆞ야歷叙兵府ㅣ自西魏以來興廢之由ᄒᆞ고且言ᄒᆞᄃᆡ府兵의平日에安居田畝ᄒᆞ야每府에有折衝이領之ᄒᆞ야折衝이以農隙으로敎習戰陳ᄒᆞ야國家에有徵發則以符契로下其州及府ᄒᆞ야參驗發之ᄒᆞ고至所期處ᄒᆞ야將帥ㅣ按閱ᄒᆞ야有敎習不精者ᄂᆞᆫ罪其折衝ᄒᆞ고甚者ᄂᆞᆫ罪及刺史ᄒᆞ고軍還則賜勳加賞ᄒᆞ야便道罷之ᄒᆞ니行者ㅣ近不踰時ᄒᆞ고遠不經歲러마高宗이以劉仁軌도爲洮河鎭守使ᄒᆞ야以圖吐蕃ᄒᆞ니於是에始有

上著彙安土謂之地著也

久戍之役이러니 武后以來로 承平이 日久ᄒᆞ야 府兵이 浸墮ᄒᆞ야 爲人所賤ᄒᆞ니 百姓이 賤之ᄒᆞ야 至蒸熨手足ᄒᆞ야 以避其役ᄒᆞ고 又牛仙客이 以積財로 得宰相ᄒᆞ니 邊將이 効之라 山東戍卒이 多齎繒帛ᄒᆞ고 自隨邊將으로 誘之ᄒᆞ야 寄於府庫ᄒᆞ고 晝則苦役ᄒᆞ고 夜縶地牢ᄒᆞ야 利其死而沒入其財故로 自天寶以後로 山東戍卒이 還者ㅣ 什無二三이러라 其殘虐이 如此나 然이나 未嘗有外叛內侮ᄒᆞ야 殺帥自擅者는 誠以顧戀田園ᄒᆞ고 恐累宗族故也러니 自開元之末로 張說이 始募長征兵ᄒᆞ야 謂之彍騎ᄒᆞ니 (彍 盧郭反) 其後에 益爲六軍이러니 及李林甫ㅣ 爲相에 奏諸軍을 皆募人爲之ᄒᆞ니 兵不土著ᄒᆞ고 又無宗族이라 不自重惜ᄒᆞ야 忘身徇利ᄒᆞ야 禍亂이 遂生ᄒᆞ야 至今爲梗ᄒᆞ니 曏使府兵之法으로 常存不廢면 安有如此上陵下替之患哉리잇고 陛下ㅣ 欲復府兵ᄒᆞ시니 此ㅣ 乃社稷之福이요 太平이 有日矣니이다 上이 曰俟平河中ᄒᆞ야

當與卿으로議之ᄒᆞ리라

初에上이侍中李泌로더부러府兵復ᄒᆞ기를議ᄒᆞ니泌ㅣ因ᄒᆞ야上을爲ᄒᆞ야府兵이西魏로봇허써來홈으로興廢ᄒᆞ든由를上ᄒᆞ고ᄯᅩ혼言호ᄃᆡ府兵이平日에田畝의安居ᄒᆞ야每府에折衝을두어領ᄒᆞ야折衝이農隙으로써戰陣을敎習ᄒᆞ야國家ㅣ徵發혼즉符契로써其州와밋府에下ᄒᆞ야參驗ᄒᆞ야發ᄒᆞ고期혼바處에至ᄒᆞ야將帥ㅣ按閱ᄒᆞ야敎習이不精혼者난其折衝을罪ᄒᆞ고甚헌者ᄂᆞᆫ罪가刺史에게及ᄒᆞ고軍에還혼則勳을賜ᄒᆞ며賞을加ᄒᆞ야믄득道에셔罷ᄒᆞ니行者ㅣ近히時를踰치안코遠히歲을經치안터라高宗이劉仁軌로써洮河鎭守使를숨어써吐蕃을圖ᄒᆞ니於是에비로소久戍의役이有ᄒᆞ더니武后써來홈으로承平이日이久ᄒᆞ야府兵이浸ᄒᆞ고墮ᄒᆞ야人의賤혼바가되니百姓이恥ᄒᆞ야手足을蒸熨홈에至ᄒᆞ야써其役을避ᄒᆞ고ᄯᅩ牛仙客이積財로써宰相을得ᄒᆞ니邊將이效ᄒᆞᄂᆞᆫ지라山東戍卒이多히繒帛을齎ᄒᆞ고邊將을隨홈으로부터誘ᄒᆞ야府庫에寄ᄒᆞ고晝인즉苦役ᄒᆞ고夜에ᄂᆞᆫ地牢에繫ᄒᆞ야그死홈을利ᄒᆞ고그財를沒入ᄒᆞᄂᆞᆫ故로天寶以後로봇허山東에戍卒이還혼者ㅣ什에二三이無혼지라그殘虐홈이이갓ᄒᆞ나然이나일즉外叛과內侮가有ᄒᆞ야帥를殺ᄒᆞ고ᄉᆞᄉᆞ로擅ᄒᆞᄂᆞᆫ者ㅣ有ᄒᆞ지안어은진실로써田園을顧戀ᄒᆞ고宗族에累될가恐ᄒᆞᄂᆞᆫ故러니開元의末로봇허張說이비로소長征兵을募ᄒᆞ야彍騎라謂ᄒᆞ니其後에더

六軍을삼엇더니밋李林甫ㅣ相이되미奏ᄒᆞ야諸軍을다人을募ᄒᆞ야爲ᄒᆞ니兵이土에著ᄒᆞ지못ᄒᆞ고ᄯᅩ宗族이無ᄒᆞᆫ지라ᄉᆞᄉᆞ로重히惜ᄒᆞ지아니ᄒᆞ야身을忘ᄒᆞ고利를徇ᄒᆞ야禍亂이드듸여生ᄒᆞ야至今에梗이되니鄕에府兵의法으로ᄒᆞ야금常히存ᄒᆞ고廢치안니ᄒᆞ얏더면읏지이와갓치上을陵ᄒᆞ고下를替ᄒᆞᄂᆞᆫ患이有ᄒᆞ리잇고陛下ㅣ府兵을復ᄒᆞ고ᄌᆞ ᄒᆞ시니此ㅣ이에社稷의福이오太平이日이有ᄒᆞ니이다上이曰河中平ᄒᆞᆷ을俟ᄒᆞ야맛당히卿으로더부러議ᄒᆞ리라

**初에吐蕃이求和於馬燧어ᄂᆞᆯ燧ㅣ信其言ᄒᆞ야爲之請於朝ᄒᆞ니李晟이曰戎狄이無信ᄒᆞ니不如擊之라ᄒᆞᆫ대燧ㅣ與張延賞이皆與晟으로有隙이라欲反謀ᄒᆞ야爭言和親이便이라ᄒᆞ니上이計遂定ᄒᆞ다**

初에吐蕃이馬燧의게和를求ᄒᆞ거ᄂᆞᆯ燧ㅣ其言을信ᄒᆞ야朝에請ᄒᆞ니李晟이曰戎狄이信이無ᄒᆞ니擊ᄒᆞᄂᆞ니만갓지못ᄒᆞ다ᄒᆞᆫ대燧와다못張延賞이다李晟으로더부러隙이有ᄒᆞᆫ지라謀를反ᄒᆞ고ᄌᆞᄒᆞ야爭言ᄒᆞᄃᆡ和親이便ᄒᆞ다ᄒᆞ니上이計를드듸여定ᄒᆞ다

**五月에渾瑊이自咸陽으로入朝어ᄂᆞᆯ以爲淸水會盟使ᄒᆞ야將二萬餘人ᄒᆞ야赴盟所ᄒᆞᆫ다渾瑊이奏호ᄃᆡ吐蕃을決以辛未로盟ᄒᆞ니라ᄒᆞ니張延賞이集**

百官ᄒᆞ고 以瑊表로 示之曰李太尉ㅣ 謂吐蕃和好ㅣ 必不成ᄒᆞ니라
此ᄂᆞᆫ 渾侍中表也라ᄒᆞ고 盟日을 定矣여늘 晟이 聞之ᄒᆞ고 泣謂所親曰吾
ㅣ生長西陲ᄒᆞ야 備諳虜情ᄒᆞ니 所以論奏ᄂᆞᆫ 但恥朝廷이 爲犬戎의
所侮爾로다 辛未에 將盟ᄒᆞᆯ서 吐蕃이 伏精騎數萬於壇西ᄒᆞ여늘 瑊等이
皆不知ᄒᆞ고 入幕ᄒᆞ야 易禮服ᄒᆞ니러니 虜ㅣ 伐鼓三聲ᄒᆞ고 大譟而至ᄒᆞ니 瑊이
自幕後로 出ᄒᆞ야 偶行他馬 乘之ᄒᆞ고 唐將卒이 皆東走ᄒᆞ거늘 虜ㅣ 縱兵
追擊ᄒᆞ야 或殺或擒之ᄒᆞ다 是日에 上이 謂諸將曰和戎息兵은 社稷
之福ᄒᆞ니다라 馬燧ㅣ 曰然ᄒᆞ이니다 柳渾이 曰戎狄은 豺狼也라 非盟誓可
結이니 今日之事ᄂᆞᆫ 臣竊憂之ᄒᆞ노다 李晟이 曰誠如渾言이니이다 上이 變
色曰柳渾은 書生이라 不知邊計어니와 大臣도 亦爲此言耶아 皆伏
地頓首謝ᄒᆞ고 因罷朝러니 是夕에 韓遊瓌ㅣ 表言ᄒᆞ되 虜劫盟ᄒᆞ니다 上이
大驚ᄒᆞ야 明日에 謂渾曰卿은 書生으로 乃能料敵을 如此其審耶아

# 上이由是惡馬燧러라

五月에渾瑊이咸陽으로브터朝에入ᄒᆞ니써淸水會盟使를삼어二萬餘人을將ᄒᆞ야盟所에赴ᄒᆞ다渾瑊이奏호ᄃᆡ吐蕃이決ᄒᆞ야辛未로써盟ᄒᆞ자ᄒᆞᆫ다ᄒᆞ니張延賞이百官을集ᄒᆞ고瑊의表로써示ᄒᆞ야曰李太尉ㅣ謂호ᄃᆡ吐蕃和好ㅣ반다시成치못ᄒᆞᆫ다ᄒᆞᄂᆞ니此ᄂᆞᆫ渾侍中의表라ᄒᆞ고盟日을定ᄒᆞ거ᄂᆞᆯ晟이聞ᄒᆞ고泣ᄒᆞ며所親더러謂ᄒᆞ야曰吾ㅣ西陲에셔生長ᄒᆞ야虜情을備諳ᄒᆞ니써論奏ᄒᆞᆫ바ᄂᆞᆫ다만朝廷이犬戎에게侮ᄒᆞᆫ바될가恥ᄒᆞ도다辛未에將盟ᄒᆞᆯ시吐蕃이精騎數萬을壇西에伏ᄒᆞ엿거ᄂᆞᆯ瑊等이다不知ᄒᆞ고幕에入ᄒᆞ야禮服을易ᄒᆞ더니虜ㅣ伐鼓三聲에크게譟ᄒᆞ며至ᄒᆞ니瑊이幕後로붓허出ᄒᆞ야偶行ᄒᆞ야他馬를乘ᄒᆞ고唐將卒이다東으로走ᄒᆞ거ᄂᆞᆯ虜ㅣ兵을縱ᄒᆞ야追擊ᄒᆞ야或殺ᄒᆞ고或擒ᄒᆞ다是日에上이諸將더러謂ᄒᆞ야曰戎을和ᄒᆞ고兵을息ᄒᆞᆷ은社稷의福이라ᄒᆞ니馬燧ㅣ曰然ᄒᆞ니이다柳渾이曰戎狄은豺狼이라盟誓로可히結ᄒᆞᆯ수가업ᄉᆞ니今日의事ᄂᆞᆫ臣이竊히憂ᄒᆞ노니다李晟이曰진실로渾에言과如ᄒᆞ니이다上이色을變ᄒᆞ야曰柳渾은書生이라邊計를知ᄒᆞ지못ᄒᆞ거니와大臣도ᄯᅩᄒᆞᆫ이러ᄒᆞᆫ말을ᄒᆞᄂᆞ냐다地에伏ᄒᆞ야首를頓ᄒᆞ며謝ᄒᆞ고因ᄒᆞ야朝를罷ᄒᆞ엿더니是夕에韓遊瓌ㅣ表言호ᄃᆡ虜ㅣ盟을刼ᄒᆞ엿다ᄒᆞ니上이크게驚ᄒᆞ야明日에渾더러謂ᄒᆞ야曰卿이書生으로이에能히敵을料ᄒᆞᆷ을이갓치그審히ᄒᆞᄂᆞᆫ가上이由是로

馬燧를惡ᄒᆞ더라

初에吐蕃이尙結贊이惡李晟馬燧渾瑊ᄒᆞ야曰去三人則唐을可圖也라ᄒᆞ고於是에離間李晟ᄒᆞ고因馬燧ᄒᆞ야以求和ᄒᆞ고欲執渾瑊以賣燧ᄒᆞ야使幷獲罪ᄒᆞ야因縱兵直犯長安이러니會에失渾瑊而止ᄒᆞ다

初에吐蕃尙結贊이李晟과馬燧와渾瑊을惡ᄒᆞ야曰此三人을去ᄒᆞᆫ즉唐을可히圖ᄒᆞ겟다ᄒᆞ고於是에李晟을離間ᄒᆞ고馬燧를因ᄒᆞ야써和를求ᄒᆞ고渾瑊을執ᄒᆞ야써燧에게賣ᄒᆞ야ᄒᆞ야금아울너罪를獲케ᄒᆞ고져ᄒᆞ야因ᄒᆞ야兵을縱ᄒᆞ야곳長安을犯ᄒᆞ더니마ᄎᆞᆷ내渾瑊을失ᄒᆞ고止ᄒᆞ다

以李泌로爲中書侍郞同平章事ᄒᆞ다泌이與李晟馬燧柳渾으로俱入見ᄒᆞ니上이謂泌曰自今으로凡軍旅糧儲事는卿이主之ᄒᆞ고吏禮는委延賞ᄒᆞ고刑法은委渾ᄒᆞ노라泌이曰不可니다陛下ㅣ不以臣不才ᄒᆞ고使待罪宰相이시니宰相之職은不可分也ㅣ라非如給事則有吏過ᄒᆞ고兵過舍人則有六押ᄒᆞ니至於宰相ᄒᆞ야는天下之事를咸

共平章이니若各有所主면是乃有司요非宰相也ㅣ니이다上이笑曰
朕이適失辭로라卿言이니是也로다

李泌로써中書侍郞同平章事를삼다泌이李晟과馬燧와柳渾으로더부러俱히入見호니上이泌려라謂호야曰自今으로무릇軍旅에糧을儲호는事는卿이主호고吏禮는延賞에게委호고刑法은渾에게委호노라泌이曰可치아니호니이다陛下ㅣ臣의不才로써아니시고罪을宰相에待허게호시니宰相의職은可히分치못홀지라給事와如치아는즉吏過ㅣ有호고兵이舍人에過호즉六押이有홀지니宰相에至호야는天下의事를다共히平章홀지니만일各기主헌바가有호면是는이에有司오宰相은아니니이다上이笑호고曰朕이맛참失辭호라卿의言이是호도다

上이問泌以復府兵之策호되泌ㅣ請鑄農器호고給麥種호야分賜緣邊軍鎭호고募戍卒호야耕荒田而種之면關中은土沃而久荒호니所收ㅣ必厚오戍卒이因屯田致富則安於其土호야不復思歸호리이다舊制에戍卒을三年而代호고及其將滿에下令호야有願留者면即以所開田으로爲永業호고家人이願來本貫이면給長牒호야續食而遺

土著彙安土謂之地著也

之ᄒᆞ니 不過數番則戍卒이 皆土著이라 乃悉以府兵之法으로 理之면 是는 變關中之疲弊ᄒᆞ야 爲富強也ㅣ니이다 上이 喜曰如此면 天下에 無復事矣로다

上이 泌의게 府兵復ᄒᆞᆯ 策으로ᄡᅥ 問ᄒᆞᆫ듸 泌이 請ᄒᆞ되 農器를 鑄ᄒᆞ고 麥種을 給ᄒᆞ야 緣邊軍鎭에 分賜ᄒᆞ고 戍卒을 募ᄒᆞ야 荒田을 耕ᄒᆞ야 種케ᄒᆞ면 關中은 土沃ᄒᆞ고 오ᄅᆡ 荒ᄒᆞ얏ᄉᆞ니 收ᄒᆞᆫ바이 반다시 厚ᄒᆞ고 戍卒이 屯田을 因ᄒᆞ야 富을 致ᄒᆞᆫ즉 其土에 安ᄒᆞ야 다시 歸ᄒᆞ기를 思ᄒᆞ지아니ᄒᆞ리이다 舊制에 戍卒을 三年에 代ᄒᆞ고 그 쟝ᄎᆞᆺ 滿ᄒᆞᆷ에 及ᄒᆞᆷ에 令을 下ᄒᆞ야 願留者ㅣ 有ᄒᆞ면 곳 開田ᄒᆞᆫ바로ᄡᅥ 永業을 허ᄒᆞ게ᄒᆞ고 家人이 本貫에 願來ᄒᆞ면 長牒을 給ᄒᆞ야 食을 續ᄒᆞ야 遣ᄒᆞ니 數番에 過치아니ᄒᆞ는지 戍卒이 다 土에 著ᄒᆞᆫ지라 이에 다 府兵의 法으로ᄡᅥ 理ᄒᆞ면 是는 關中의 疲弊ᄒᆞᆷ을 變ᄒᆞ야 富强케ᄒᆞᆷ이니라 上이 喜ᄒᆞ야 曰 이 갓ᄒᆞ면 天下에 다시 事가 無ᄒᆞ도다

自興元以來로 至是歲ᄒᆞ야 最爲豐稔ᄒᆞ야 米ㅣ 斗에 直錢百五十이요 粟이 八十이라 詔所在和糴ᄒᆞ다

興元以來로 붓허 是歲에 至ᄒᆞ기가 쟝 豐稔ᄒᆞ야 米ㅣ 斗에 直錢이 百五十이오 粟이 八十이라 詔ᄒᆞ야 在ᄒᆞᆫ바에 和糴ᄒᆞ게ᄒᆞ다

誅求誅責也

十二月庚辰에上이畋於新店이라가入民趙光奇家ᄒᆞ야問百姓이樂乎아對曰不樂이니이다上이曰今歲頗稔이어늘何爲不樂고對曰詔令이不信이니이다前云兩稅之外에는悉無他徭러니今非稅而誅求者ㅣ殆過於稅ᄒᆞ고後에又云和糴而實은强取之라曾不識一錢이요始云所糴粟麥을納於道次러니今則遣致京師行營ᄒᆞ니動數百里에車摧牛斃ᄒᆞ야破産不能支라愁苦ㅣ如此ᄒᆞ니何樂之有ㅣ잇고每有詔書優恤ᄒᆞ나니徒空文耳니恐聖主ㅣ深居九重ᄒᆞ샤皆未知之也ㅣ시니다上이命復其家ᄒᆞ다 復方目反除也除免光奇家徭賦

十二月庚辰에上이新店에셔畋ᄒᆞ다가民趙光奇家에入ᄒᆞ야問ᄒᆞᄃᆡ百姓이樂ᄒᆞ냐對ᄒᆞ야曰樂지안ᄂᆞ이다上이曰今歲에쟈못稔이여ᄂᆞᆯ엇지ᄒᆞ야樂ᄒᆞ지안ᄂᆞᆫ고對ᄒᆞ야曰詔令이不信ᄒᆞᆷ이니이다前에云ᄒᆞᄃᆡ兩稅의外에ᄂᆞᆫ다他徭가無ᄒᆞ더니今에ᄂᆞᆫ非稅로誅求者ㅣ쟈못稅에진나가고後에ᄯᅩ云ᄒᆞᄃᆡ和糴ᄒᆞ다ᄒᆞ나實은强히取ᄒᆞᆷ이라일즉一錢도不識ᄒᆞ고始에云ᄒᆞᄃᆡ所糴粟麥을道次에納ᄒᆞ려ᄒᆞ더니今則京師行

營에遣致ᄒᆞ야數百里을動홈에車가摧ᄒᆞ고牛가斃ᄒᆞ야産을破ᄒᆞ야能히支치못ᄒᆞ는지리愁苦가이갓흔ᄃᆡ웃지樂이有ᄒᆞ리잇고每양詔書에優恤홈이有ᄒᆞ나한갓空文이니恐ᄒᆞ건ᄃᆡ聖主ㅣ深히九重에居ᄒᆞ사다知치못ᄒᆞ시리이다上이命ᄒᆞ야其家를復ᄒᆞ다

温公曰甚哉唐德宗之難寤也自古所深患者人君之澤壅而不下達小民之情鬱而不上通故君勤恤於上而民不懷民愁怨於下而君不知以至於離叛危亡凡以此也德宗幸以遊獵得至民家値光奇敢言而知民疾苦此乃千載之遇也固當按有司之廢格詔書殘虐下民橫增賦斂盜匿公財左古諂諛日稱民間豐樂者而誅之然後洗心易慮一新其政屛浮飾廢虛文謹號令敦誠信察眞僞辨忠邪矜困窮伸冤滯則太平之業可致矣釋此不爲乃復光奇之家夫以四海之廣兆民之衆又安得人人自言於天子而戶戶復其傜賦乎

(戊辰)四年이라上이從容與泌로論即位以來宰相曰盧杞ㅣ忠清彊介여눌人言杞ㅣ奸邪라ᄒᆞ나朕殊不覺其然이로라泌이曰人言杞奸邪而陛下ㅣ獨不覺其奸邪ᄒᆞ신니此ㅣ乃杞之所以爲奸邪也니이다倘陛下ㅣ覺之시면豈有建中之亂乎잇가上이曰建中之亂은

術士ㅣ豫請城奉天ᄒᆞ니此ᄂᆞᆫ蓋天命이요非杞의所能致也니다泌이曰天命은他人이皆可以言之나惟君相은不可言이니이다蓋君相은所以造命也니若言命則禮樂刑政이皆無所用矣라紂ㅣ曰我生이不有命이在天이라ᄒᆞ니此ᄂᆞᆫ商之所以亡也ㅣ니이다

四年이라上이從容히泌로더부러即位ᄒᆞ야써來ᄒᆞᆷ으로宰相을論ᄒᆞ야曰盧杞ㅣ忠ᄒᆞ고淸ᄒᆞ고彊介ᄒᆞ거ᄂᆞᆯ人이言ᄒᆞ되杞ㅣ奸邪ᄒᆞ다ᄒᆞ니朕이쟈못그然ᄒᆞᆷ을覺지못ᄒᆞ노라泌이曰人이杞가奸邪ᄒᆞ다言호ᄃᆡ陛下ㅣ獨히그奸邪를覺치못ᄒᆞ시니此ㅣ이에杞가써奸邪되ᄂᆞᆫ바이니다만일陛下ㅣ覺ᄒᆞ시면엇지建中의亂이有ᄒᆞ리잇가上이曰建中의亂은術士ㅣ豫히奉天을請ᄒᆞ엿ᄉᆞ니此ᄂᆞᆫ蓋天命이오杞의能히致ᄒᆞᆫ바가아니니라泌이曰天命은他人이다可히써言이나오쟉君相은可히言치못ᄒᆞᆯ지니이다ᄃᆡ개君相은써命을造ᄒᆞᄂᆞᆫ바이니만일命을言ᄒᆞᆫ즉禮樂刑政이다用ᄒᆞᆯ바이無ᄒᆞᆯ지라紂ㅣ曰我生은命이天에在치안니야ᄒᆞ니此ᄂᆞᆫ商의써亡ᄒᆞᆫ바이니이다

夏縣人陽城이以學行으로著聞이라隱居柳谷之北이러니李泌이薦之ᄒᆞᆫ더六月에徵拜諫議大夫ᄒᆞ다

諸司謂臺省長官
行擧臺省長官擧之宰相行之

夏縣人陽城이學行으로써著聞ᄒᆞᆫ지라柳谷의北에隱居ᄒᆞ엿더니李泌이薦ᄒᆞᆫ딕六月에徵ᄒᆞ야諫議大夫를拜ᄒᆞ다

(己巳)五年이라三月에李泌이薨ᄒᆞ다泌이有謀略而好談神仙詭誕故로爲世所輕이러라

五年이라三月에李泌이薨ᄒᆞ다泌이謀略이有ᄒᆞ고神仙詭誕홈을談ᄒᆞ기好ᄒᆞᄂᆞᆫ故로世의輕ᄒᆞᆫ바가되엇더라

(壬申)八年이라三月에以尙書左承趙憬과兵部侍郞陸贄로並爲中書侍郞同平章事ᄒᆞ니陸贄ㅣ請令臺省長官으로各擧其官屬이러니未幾에或이言於上曰諸司所擧ㅣ皆有情故로或受貨賂ᄒᆞ야不得實才라ᄒᆞᆫ딕上이密諭贄ᄒᆞᆫ딕自今으로除改ᄒᆞ야卿이宜自擇ᄒᆞ고勿任諸司ᄒᆞ라贄ㅣ上奏ᄒᆞ니其畧에曰今之宰相은則往日臺省長官이요今日臺省長官은乃將來之宰相이라但是職名이暫異오固非行擧ㅣ頓殊ㅣ니豈有爲長官之時則不能擧一二屬吏ᄒᆞ고居

皆估音古市稅也 水災壬申七月天下四十餘州大水溺死者三百餘人也

宰相之位則可擇千百具僚리잇고 物議悠悠에 其惑이 斯甚이니이다

八年이라三月에尙書左承趙憬과兵部侍郞陸贄로써並히中書侍郞을숨어平章事를同케ᄒᆞ니陸贄ㅣ請호ᄃᆡ臺省長官으로ᄒᆞ야금各기그官屬을擧케ᄒᆞ엿더니未幾에或이上게言ᄒᆞ야曰諸司의擧ᄒᆞᄂᆞᆫ바ㅣ다情이有ᄒᆞᆫ故로或貨賂를受ᄒᆞ야實才를得지못ᄒᆞᆫ다ᄒᆞᄃᆡ上이贄에게密諭호ᄃᆡ自今으로除를改ᄒᆞ야卿이맛당히自擇ᄒᆞ고諸司에任치말라贄ㅣ奏를上ᄒᆞ니其畧에曰今에宰相은곳往日의臺省長官이오今日의臺省長官은이에將來의宰相니라다만이職名이잠간異홈이오진실로行擧ㅣ頓殊홈이아니니웃지長官이된時인則能히一二屬吏을擧ᄒᆞ지못ᄒᆞ고宰相位에居ᄒᆞᆫ죽可히千百具僚를擇홈이有ᄒᆞ리잇고物議가悠悠홈에其惑이斯甚ᄒᆞ나이다

七月에 以司農少卿裴延齡으로 判度支事ᄒᆞ다

七月에司農少卿裴延齡으로써度支事를判케ᄒᆞ다

(癸酉)九年이라 正月에 初稅茶홀서 凡州縣産茶와 及茶山外要路에 皆估其直ᄒᆞ야 十稅一ᄒᆞ니 從鹽鐵使張滂之請也러라 滂이 奏호ᄃᆡ 去歲에 水災減稅ᄒᆞ야 用度ㅣ 不足ᄒᆞ니 請稅茶以足之호ᄃᆡ 自明年以往으로 稅茶之錢을 令所在로 別貯라가 俟有水旱ᄒᆞ야 以代民田稅ᄒᆞ노이다 自

是로歲收茶錢四十萬緡호ᄃᆡ 未嘗以救水旱也러라

九年이라正月에처음으로茶를稅ᄒᆞᆯ서무릇州縣에產ᄒᆞᄂᆞᆫ茶와밋茶山外要路에皆其直홈을估ᄒᆞ야十에一을稅ᄒᆞ니塩鐵使張滂의請을從홈이러라滂이奏호ᄃᆡ去歲에水災로稅을減ᄒᆞ야用度가不足ᄒᆞ니請컨ᄃᆡ茶를稅ᄒᆞ야써足히호ᄃᆡ明年以往으로붓허稅茶의錢을所在로ᄒᆞ야금別로히貯ᄒᆞ얏다가水旱이有홈을俟ᄒᆞ야써民의田稅를代ᄒᆞ겟노이다自是로歲로茶錢四十萬緡을收호ᄃᆡ일쥭써水旱을救치안터라

陸贄ㅣ上奏ᄒᆞ야論備邊六失ᄒᆞ야 以爲措置乖方ᄒᆞ고課責虧度ᄒᆞ고財匱於兵衆ᄒᆞ고力分於將多ᄒᆞ고怨生於不均ᄒᆞ고機失於遙制ᄒᆞ니다 上이雖不能盡從이나心甚重之러라

陸贄上奏ᄒᆞ야備邊六失을論ᄒᆞ야써ᄒᆞ되措置ㅣ方을乖ᄒᆞ고課責이度에虧ᄒᆞ고財가兵衆홈에匱ᄒᆞ고力이將多홈에分ᄒᆞ고怨이不均홈에生ᄒᆞ고機ㅣ遙制홈에失홈이라ᄒᆞ니上이비록能히다從치못ᄒᆞ나心에甚히重히역이드라

戶部侍郎裴延齡이 以左藏正物로 徙置別庫ᄒᆞ고 虛張名數ᄒᆞ야以惑上ᄒᆞ니上이信之ᄒᆞ야以爲能富國而寵之나於實에無所增也라

權德輿ㅣ上奏ᄒᆞ야以爲延齡이 取常賦ᄒᆞ야支用未盡者ᄂᆞᆫ 充羨餘ᄒᆞ야以爲己功ᄒᆞ니라 上이不從이러라

戶部侍郞裵延齡이左藏正物로써別庫에徙置ᄒᆞ고名數를虛張ᄒᆞ야써上을悉ᄒᆞ게ᄒᆞ니上이信ᄒᆞ야써能히國을富ᄒᆞ겟다ᄒᆞ고寵ᄒᆞ나實에ᄂᆞᆫ增ᄒᆞᆫ바가無ᄒᆞᆫ지라權德輿ㅣ上奏ᄒᆞ야써호ᄃᆡ延齡이常賦를取ᄒᆞ야支用이未盡ᄒᆞᆫ者ᄂᆞᆫ羨餘에充ᄒᆞ야써己功을삼ᄂᆞᆫ다ᄒᆞ니上이從치안터라

(甲戌)十年이라上이性이猜忌ᄒᆞ야 不委任臣下ᄒᆞ고官無大小히必自選而用之ᄒᆞ니宰相이進擬에 少所稱可오 羣臣이一有譴責ᄒᆞ면終身不復收用이어ᄂᆞᆯ陸贄ㅣ上奏諫ᄒᆞ니其略에 曰以一言稱愜이오爲能而不核虛實ᄒᆞ고以一事違忤로爲咎而不考忠邪ᄒᆞ니是以로職司之內에無成功이오君臣之際에無定分이니이다上이不聽ᄒᆞ다

十年이라上이性이猜忌ᄒᆞ야臣下에委任치아니ᄒᆞ고官에大小가無히반다시스ᄉᆞ로選用ᄒᆞ니宰相이進擬에稱可ᄒᆞᄂᆞᆫ바少ᄒᆞ고밋羣臣이한번譴責이有ᄒᆞ면身이終ᄒᆞ도록다시收用ᄒᆞ지안커ᄂᆞᆯ陸贄ㅣ上奏ᄒᆞ야諫ᄒᆞ니其略에曰一言稱愜으로써能

호다호야虛實을核호지안코一事違忤홈으로써䛕라호야忠邪를考치아니호니是以로職司의內에功을成홈이無호고君臣의際에定分이無호니이라上이聽치아니호다

**九月에裴延齡이奏호ᄃᆡ左藏庫司ㅣ多有失落이니다近因檢閱호야使置簿書호고乃於糞土之中에得銀十三萬兩호고其匹段雜貨ㅣ百萬有餘ㅣ니此는皆已棄之物이라即是羨餘니**(羨延面反亦餘也)**悉應移入雜庫호야以供別敕支用호소서延齡이每奏對에恣爲詭譎호니**(譎古穴反詐也)**皆衆所不敢言이요亦未嘗聞者라延齡이處之不疑호되羣臣이畏延齡有寵호야莫敢言이러니라**

九月에裴延齡이奏호ᄃᆡ左藏庫司ㅣ失落홈이多有호지라近에檢閱을因호야호여금簿書를置호고이에糞土의中에서銀十三萬兩을得호고그匹段雜貨ㅣ百萬有餘ㅣ니此는다已棄의物이니라곳이羨餘이니다應히雜庫에移入호야써別敕支用에供호소서延齡이미양奏對홈에詭譎을恣爲호니다衆이敢히言호지못호는바오또호嘗히聞치못호든者라延齡이處호기를不疑호ᄃᆡ羣臣이延齡의寵이有홈을畏호

靖讀服讒註左傳靖安也服行也安於譖讒當行讒疾共工書共工靜言庸違衆恭註靜則能言用則違背貌恭而心不然

야敢히言치못ᄒᆞ드라

十一月에陸贄ㅣ上書ᄒᆞ야極陳延齡奸詐ᄒᆞ고數其罪惡ᄒᆞ니(數所具反計其一二而責之下同悉數)其略에曰延齡이以聚斂으로爲長策ᄒᆞ고以詭妄으로爲嘉謀ᄒᆞ고以掊克斂怨으로爲匪躬ᄒᆞ고以靖譖服讒으로爲盡節ᄒᆞ니可謂堯代之共工이오魯邦之少卯也라跡其奸蠹ᄒᆞ니日長月滋ᄒᆞ고移東就西에便爲課績ᄒᆞ고取此適彼ᄒᆞ야遂號羨餘ᄒᆞ야愚弄朝廷을有同兒戲ᄒᆞ며又曰昔에趙高ㅣ指鹿謂馬ᄒᆞ니臣은謂鹿之與馬는物類ㅣ猶同이연이와豈若延齡의掩有爲無ᄒᆞ고指無爲有ㅣ잇고書奏에上이不悅ᄒᆞ야待延齡益厚ᄒᆞ더라

十一月에陸贄ㅣ書를上ᄒᆞ야延齡의奸詐를極陳ᄒᆞ고그罪惡을數ᄒᆞ니其畧에曰延齡이聚斂으로ᄡᅥ長策을삼고詭妄으로ᄡᅥ嘉謀를삼고掊克斂怨으로ᄡᅥ匪躬을삼고靖譖服讒으로ᄡᅥ盡節을삼으니可히일으되堯代의共工이오魯邦에少卯라그奸蠹를跡ᄒᆞ니日로長ᄒᆞ고月로滋ᄒᆞ고東에移ᄒᆞ고西로就ᄒᆞ미문득課績을삼고此를取ᄒᆞ고彼에適ᄒᆞ야드듸여羨餘이라號ᄒᆞ야朝廷을愚弄홈을兒戲와同히ᄒᆞ다ᄒᆞ고ᄯᅩ

日昔에趙高ㅣ鹿을指ᄒᆞ야馬라謂엿스니臣은일으되鹿과다못馬ᄂᆞᆫ物類가오리여
同ᄒᆞ거니와웃지延齡의有를掩ᄒᆞ야無라ᄒᆞ고無를指ᄒᆞ야有라ᄒᆞᄂᆞᆫ거와갓ᄒᆞ리잇
가書를奏ᄒᆞᆷ에上이悅치아니ᄒᆞ고延齡을待ᄒᆞ기더욱厚히ᄒᆞ드라

陸贄以上이知待之厚ᄒᆞ고事有不可면常力爭之ᄒᆞ니所親이或規其太銳어ᄂᆞᆯ贄ㅣ曰吾ㅣ上不負天子ᄒᆞ고下不負所學이오他無所恤니로라裴延齡이日短贄於上이러라趙憬之入相也에贄實引之러니既而요有憾於贄ᄒᆞ야密以贄ㅣ所譏彈延齡事로告延齡故로延齡이益得以爲計ᄒᆞ니上이由是로信延齡而不直贄러라贄ㅣ與憬으로約至上前ᄒᆞ야極論延齡姦邪ᄒᆞ니上이怒形於色이어ᄂᆞᆯ憬은默而無言ᄒᆞ고贄ᄂᆞᆫ罷爲太子賓客ᄒᆞ다

陸贄ㅣ써上이待厚ᄒᆞᆷ을知ᄒᆞ고事에可치아니ᄒᆞᆷ이有ᄒᆞ면常히力爭ᄒᆞ니所親이或
그太銳ᄒᆞᆷ을規ᄒᆞ거ᄂᆞᆯ贄ㅣ曰吾ㅣ上으론天子를負ᄒᆞ지아니ᄒᆞ고下로ᄂᆞᆫ所學을負
ᄒᆞ지아니ᄒᆞ고他ᄂᆞᆫ恤ᄒᆞᆯ바가無호라裴延齡이日로贄를上에게短ᄒᆞ더라趙憬이相
에入ᄒᆞ미贄ㅣ實로引ᄒᆞ엿더니既而오贄에게憾이有ᄒᆞ야가만이贄가延齡을譏彈

別駕見前註

ᄒᆞᄂᆞᆫ바事로써延齡이게告ᄒᆞᆫ故로延齡이더욱써計ᄒᆞᆷ을得ᄒᆞ니上이由是로延齡을信ᄒᆞ고贄ᄂᆞᆫ不直히여기더라贄ㅣ憬으로더부러上前에約至ᄒᆞ야延齡의姦邪를極論ᄒᆞ니上이怒ᄒᆞᆷ이色에形ᄒᆞ거ᄂᆞᆯ憬은默ᄒᆞ고言이無ᄒᆞ고贄ᄂᆞᆫ罷ᄒᆞ야太子賓客이되다

(乙亥)十一年이라陸贄ㅣ既罷相에裴延齡이因譖ᄒᆞ되李充張滂李銛이黨於贄ᄒᆞ야失勢怨望ᄒᆞ야動搖衆心니라ᄒᆞ야ᄂᆞᆯ四月에貶贄爲忠州別駕ᄒᆞ고充等은皆貶長史ᄒᆞ다初에陽城이自處士로徵爲諫議大夫ᄒᆞ니拜官不辭라未至京師에人皆想望風采曰城이必諫諍死職下라ᄒᆞ더니(死職下句絶謂城必因諫諍罪而死於此職也)及至에諸諫官이紛紛言事細碎ᄒᆞ니天子ㅣ益厭苦之로되而城은方與二弟及客으로日夜痛飮ᄒᆞ니人莫能窺其際ᄒᆞ야皆以爲虛得名耳라ᄒᆞ드라

十一年이라陸贄이믜相을罷ᄒᆞᆷ에裴延齡이因ᄒᆞ야譖ᄒᆞ되李充과張滂과李銛이贄에黨ᄒᆞ야失勢ᄒᆞᆷ을怨望ᄒᆞ야衆心을動搖ᄒᆞᆫ다ᄒᆞ거ᄂᆞᆯ四月에贄를貶ᄒᆞ야忠州別駕를삼고充等은다長史로貶ᄒᆞ다初에陽城이處士로부터徵ᄒᆞ야諫議大夫가되니官을拜ᄒᆞ고辭ᄒᆞ지안는지라京師에至ᄒᆞ지못ᄒᆞᆷ에人이다風采를想望ᄒᆞ야曰城이반

드시諫諍ᄒᆞ야職下에死ᄒᆞ리라ᄒᆞ더니밋至ᄒᆞᆷ에諸諫官이紛紛히事의細碎를言ᄒᆞ
니天子ㅣ더욱厭苦ᄒᆞ되而城은바야흐로二弟와밋客으로더부러日夜에痛飮ᄒᆞ니
人이能히其際를規ᄒᆞ지못ᄒᆞ야다써ᄒᆞ되虛히名을得ᄒᆞ엿다ᄒᆞ드라

屑意屑介也

歸登姓名也熊亦姓也

金吾見前註

前進士河南韓愈ㅣ作爭臣論ᄒᆞ야以譏之ᄒᆞ되城이亦不以屑意ᄒᆞ더니
及陸贄等이坐貶에上이怒未解ᄒᆞ니中外ㅣ惴恐ᄒᆞ야(惴之瑞反憂心也)以爲罪且
不測ᄒᆞ야無敢救者ㅣ라ᄒᆞ니城이聞而起曰不可令天子로信用奸臣
ᄒᆞ야殺無罪人이라ᄒᆞ고卽帥拾遺王仲舒、歸登、右補闕熊執易、崔
邠等ᄒᆞ고守延英門ᄒᆞ야(守去聲謂也延英殿名)上疏ᄒᆞ야論延齡奸邪ᄒᆞ고贄等無罪ᄒᆞ되
上이大怒ᄒᆞ야欲加城等罪러니太子ㅣ爲之營救ᄒᆞ니上意ㅣ乃解러라於
是에金吾將軍張萬福이聞諫官이伏閤諫ᄒᆞ고(伏閤謂俯伏閤下而極諫也)趨往至
延英門ᄒᆞ야大言賀曰朝廷에有直臣ᄒᆞ니天下ㅣ必太平矣라ᄒᆞ고遂
遍拜城與仲舒等ᄒᆞ고已而오連呼太平萬歲太平萬歲ᄒᆞ니萬福
은武人으로年이八十餘라自此로名重天下러라時朝夕에相延齡이어늘

陽城이曰脫以延齡爲相이면城은當取白麻壞之라ᄒᆞ고慟哭於廷이러니七月朔에陽城을改國子司業ᄒᆞ니坐言裴延齡故也러라

前進士河南韓愈ㅣ爭臣論을作ᄒᆞ야써譏호ᄃᆡ城이ᄯᅩᄒᆞᆫ써屑意ᄒᆞ지안터니밋陸贄等이貶에坐ᄒᆞ미上이怒ㅣ未解ᄒᆞ니中外가惴恐ᄒᆞ야써호ᄃᆡ罪가ᄯᅩᄒᆞᆫ不測ᄒᆞ야敢히救ᄒᆞᆯ者ㅣ無라ᄒᆞ니城이聞ᄒᆞ고起ᄒᆞ야曰可히天子로ᄒᆞ야금奸臣을信用ᄒᆞ야無罪ᄒᆞᆫ人을殺치안케ᄒᆞ겟다ᄒᆞ고곳拾遺王仲舒와歸登과右補闕熊執易과崔邠等을帥ᄒᆞ고延英門을守ᄒᆞ야跡를上ᄒᆞ야延齡이奸邪ᄒᆞ고贄等이無罪ᄒᆞᆷ을論ᄒᆞᄃᆡ上이크게怒ᄒᆞ야城等을罪를加ᄒᆞ고ᄌᆞᄒᆞ더니太子ㅣ爲ᄒᆞ야營救ᄒᆞ니上의意가이에解ᄒᆞ더라於是에金吾將軍張万福이諫官이閤에伏ᄒᆞ야諫ᄒᆞᆫ다ᄒᆞᆷ을聞ᄒᆞ고趨往ᄒᆞ야延英門에至ᄒᆞ야크게言ᄒᆞ고賀ᄒᆞ야曰朝廷에直臣니有ᄒᆞ니天下ㅣ반다시太平ᄒᆞ리라ᄒᆞ고드듸여두루城과다믓仲舒等의계拜ᄒᆞ고已而오連ᄒᆞ야太平万歲太平万歲를呼ᄒᆞ니萬福은武人으로年이八十餘라일로붓허名이天下에重ᄒᆞ더라時에朝夕에延齡을相ᄒᆞ겟거늘陽城이曰만일延齡이相이되면城은맛당이白麻를取ᄒᆞ야壞ᄒᆞ리라ᄒᆞ고廷에셔痛哭ᄒᆞ엿더니七月朔에陽城을國子司業으로改ᄒᆞ니裴延齡을言ᄒᆞᆷ에坐ᄒᆞᆫ故러라

(丙子)十二年이라初에上이以奉天이窘之故로還宮以來에尤專

意聚斂ᄒᆞ니藩鎭이多以進奉으로市恩ᄒᆞ야皆云稅外方圓니라ᄒᆞ고或云用度ㅣ羨餘라ᄒᆞ나其實은或割留常賦ᄒᆞ고或增斂百姓ᄒᆞ고或減刻吏祿ᄒᆞ고或販鬻蔬果ᄒᆞ야往往私自入ᄒᆞ니所進이纔十에一二다李兼이在江西ᄒᆞ야有月進ᄒᆞ고韋皐ㅣ在西川ᄒᆞ야有日進ᄒᆞ고其後에常州刺史裴肅이以進奉으로遷浙東觀察使ᄒᆞ니刺史進奉이自肅始ᄒᆞ고及劉贊이卒에判官嚴綬ㅣ掌留務ᄒᆞ야竭府庫ᄒᆞ야以進奉으로徵爲刑部員外郎ᄒᆞ니幕僚進奉이自綬始러라

十二年이라初에上이奉天이窘乏ᄒᆞᆫ故로써宮에還ᄒᆞ야써來ᄒᆞᆷ에더욱聚斂에意를專ᄒᆞ니藩鎭이만니進奉으로써市恩ᄒᆞ야다稅外方圓이라云ᄒᆞ고或用度ㅣ羨餘라云ᄒᆞ나그실은或常賦를割留ᄒᆞ고或百姓에斂을增ᄒᆞ고或吏祿을減刻ᄒᆞ고或蔬果를販鬻ᄒᆞ야往往히私로自入ᄒᆞ니進ᄒᆞᄂᆞᆫ바ㅣ계우什에一二라李兼이江西에在ᄒᆞ야月進이有ᄒᆞ고韋皐가西川에在ᄒᆞ야日進이有ᄒᆞ고其後에常州刺史裴肅이進奉으로써浙東觀察使로遷ᄒᆞ니刺史進奉이肅으로붓터始ᄒᆞ고밋劉贊이卒ᄒᆞ매判官嚴綬ㅣ留務을掌ᄒᆞ야府庫을竭ᄒᆞ야進奉으로써徵ᄒᆞ야刑部員外郎이되니幕僚의

渠牟姓韋氏

進奉이綏로븟터始ᄒᆞ엿더라

戶部尙書判度支裴延齡이卒ᄒᆞ니中外ㅣ相賀호ᄃᆡ上이獨悼惜之러라

戶部尙書判度支裴延齡이卒ᄒᆞ니中外가셔로賀호ᄃᆡ上이홀노悼ᄒᆞ고惜ᄒᆞ느라

上이自陸贄貶官으로尤不任宰相ᄒᆞ고自御史刺史縣令以上으로皆自選用ᄒᆞ나中書ᄂᆞᆫ行文書而已나然이나深居禁中ᄒᆞ야所取信者ᄂᆞᆫ裴延齡李齊運王紹李實韋執誼及渠牟ㅣ라皆權傾宰相ᄒᆞ니趨附ㅣ盈門이러라

上이陸贄ㅣ官을貶ᄒᆞᆷ으로븟터더욱宰相에게任치아니ᄒᆞ고御史刺史縣令以上으로自ᄒᆞ야다스ᄉᆞ로選用ᄒᆞ니中書ᄂᆞᆫ文書만行헐ᄯᆞ름니나그러ᄂᆞ깁히禁中에居ᄒᆞ야取信ᄒᆞᄂᆞᆫ바者ᄂᆞᆫ裴延齡과李齊運과王紹와李實과韋執誼와及渠牟ㅣ라다權이宰相을傾ᄒᆞ니趨附ㅣ門에盈ᄒᆞ더라

(丁丑)十三年이라先是에宮中市外間物을令官吏로主之ᄒᆞ야隨給其直이러니比歲에(比毗至 及至也)以宦官으로爲使ᄒᆞ야謂之宮市라ᄒᆞ고抑買人

本估註直兩市長安城中分爲左右街爲東市西市

仍索進奉言進奉所經由門戶皆有費用如漢靈帝時謂道行費白望言使人於市中左右望白取其物不還本價也

物ᄒᆞ되稍不如本估라 其後에 不復行文書ᄒᆞ고 置白望數百人於兩市及要鬧坊曲ᄒᆞ야 閱人所賣物ᄒᆞ야 但稱宮市則斂手付與ᄒᆞ니 眞僞를 不復可辨이니라 無敢問所從來와 及論價之高下者ᄒᆞ고 率用直百錢物ᄒᆞ야 買人直數千物ᄒᆞ고 多以紅紫로 染故衣敗繒ᄒᆞ야 尺寸으로 裂而給之ᄒᆞ고 仍索進奉門戶와 及脚價錢ᄒᆞ니 人이 將物詣市라가 至有空手而歸者ᄒᆞ야 名爲宮市라ᄒᆞ나 其實은 奪之라 商賈ㅣ 有良貨면 皆深匿之ᄒᆞ고 每敕使ㅣ 出에 雖沽漿賣餅之家라도 皆撤業閉門이러라 撤刀列反去也

十三年이라 先是에 宮中과 市外間物을 官吏로ᄒᆞ야금 主ᄒᆞ야 其直을 隨給ᄒᆞ더니 比歲에 宦官으로써 使를 삼어 宮市라 謂ᄒᆞ고 人의 物을 抑買호되 점々 本估만 如치 못ᄒᆞᆫ지라 其後에 다시 文書를 行치안코 白望數百人을 兩市와 밋 要鬧坊曲에 置ᄒᆞ야 人의 所賣物을 閱ᄒᆞ야 다만 宮市라 稱ᄒᆞᆫ則 手를 斂ᄒᆞ야 付與ᄒᆞ니 眞僞를 다시 可히 辨ᄒᆞᆯ슈가 업는지라 敢이 所從來와 밋 論價高下를 問ᄒᆞ는 者ㅣ 無ᄒᆞ고 도모지 直百錢物을 用ᄒᆞ야 人에 直數千物을 買ᄒᆞ고 紅紫로써 故衣敗繒을 染ᄒᆞ야 尺寸으로 裂給ᄒᆞ고 仍히

自署註表誌也

其考考三載考績之考覈實也

進奉門戶와밋脚價錢을索ᄒᆞ니人이物을將ᄒᆞ고市에詣ᄒᆞ다가空手로歸ᄒᆞᄂᆞᆫ者ㅣ有ᄒᆞᆷ에至ᄒᆞ야名을宮市라ᄒᆞ나工實은奪ᄒᆞᆷ이라商賈ㅣ良貨가有ᄒᆞ면다깁히匿ᄒᆞ고미양勅使ㅣ出ᄒᆞᆷ에비록漿을沽ᄒᆞ고餠을賣ᄒᆞᄂᆞᆫ家라도다業을撤ᄒᆞ고門을閉ᄒᆞ드라

(戊寅)十四年이라 太學生薛約이 師事司業陽城이러니 坐言事ᄒᆞ야 徙連州어늘 城이 送之郊外ᄒᆞᆫ되 上이 以城으로 黨罪人이라ᄒᆞ야 左遷城道州刺史ᄒᆞᆫ다 城이 治民을 如治家ᄒᆞ고 州之賦稅를 不登ᄒᆞ니 觀察使ㅣ 數加誚讓이어늘 城이 自署其考ᄒᆞ야 曰撫字心勞ᄒᆞ고 徵科政拙ᄒᆞ니 考下下로라 觀察使ㅣ 遣判官ᄒᆞ야 督其賦ᄒᆞ니 至州ᄒᆞ니 城이 先自囚於獄ᄒᆞ여늘 判官이 大驚ᄒᆞ야 馳入謁城於獄曰 使君이 何罪오 某ㅣ 奉命來候安否耳라ᄒᆞ고 留一二日에 未去ᄒᆞ여늘 城이 不復歸ᄒᆞ고 館門外에 有故門扇이 橫地라 城이 晝夜에 坐臥其上ᄒᆞ니 判官이 不自安ᄒᆞ야 辭去ᄒᆞ니라 其後에 又遣他判官ᄒᆞ야 往按之ᄒᆞ니 他判官이 載妻子行이라가 中道逸去ᄒᆞ다

十四年이라太學生薛約이司業陽城을師事ᄒᆞ더니言事에坐ᄒᆞ야連州에徙ᄒᆞ거늘

死友猶刎頸之交

城이郊外에서送흔딕上이城으로써罪人을黨흐엿다흐야城을道州刺史로左遷흐다城이民을治흐기를家을治흠과如흐고州의稅賦를登흐지안니흐니觀察使ㅣ誚讓을數加흐거늘城이其考를自署흐야曰撫字心이勞흐고徵科政이拙흐니考ㅣ下에下ㅣ로라觀察使ㅣ判官을遣흐야其賦를督흐야州에至흐니城이몬져스스로獄에囚흐거늘判官이크게驚흐야馳入흐야城을獄에서謁흐고曰使君이何罪오某ㅣ命을奉흐고來흐야安否를候흠이라흐고一二日을留흠에去치안커늘城이다시歸흐지아니흐고館門外에故門扇이有흐야地에橫흔자라城이晝夜로其上에坐臥흐니判官이스스로安치못흐야辭去흐엿더니그後에他判官을또遣흐야往按캐흐니他判官이妻子를載흐고行흐다가中道에서逸去흐다

(癸未)十九年이라初에翰林待詔王伾는善書흐고 伾音丕 山陰王叔文은善碁흐야俱出入東宮흐야娛侍太子흐셔叔文이譎詭多計흐야與王伾로相依附러라叔文이因爲太子言호디某可爲相이오某可爲將이니幸異日에用之흐라흐고密結翰林學士韋執誼陸淳呂溫李景儉韓曄韓泰陳諫柳宗元劉禹錫等흐야定爲死友흐다

十九年이라初에翰林待詔王伾는書를善히흐고山陰王叔文은碁를善히흐야흔가

지東宮에出入ᄒᆞ야娛히太子를侍ᄒᆞᆯ시叔文이譎詭ᄒᆞ고計가多ᄒᆞ야王伾로더부러셔로依附ᄒᆞ더라叔文이因ᄒᆞ야太子게言호ᄃᆡ某가可히相ᄒᆞᆯ만ᄒᆞ고某가可히將ᄒᆞᆯ만ᄒᆞ니다ᄒᆡᆼ이異日에用ᄒᆞᆯ지라ᄒᆞ고翰林學士韋執誼와陸淳와呂溫과李景儉과韓曄과韓泰와陳諫과柳宗元과劉禹錫等을密結ᄒᆞ야死友로定ᄒᆞ다

(甲申)二十年이라九月에太子ㅣ始得風疾ᄒᆞ야不能言이러라

二十年이라九月에太子ㅣ비로소風疾을得ᄒᆞ야能히言ᄒᆞ지못ᄒᆞ더라

順宗皇帝 名誦德宗長子 在位一年　壽四十六 不幸嬰疾奸邪肆志而能委政承嗣以安社稷足爲賢矣

(乙酉)二十一年이라 順宗皇帝永貞元年 正月癸巳에德宗이崩ᄒᆞ고太子ㅣ即皇帝位ᄒᆞ니時에順宗이失音ᄒᆞ야不能決事ᄒᆞ고常居深宮ᄒᆞ야施簾帷ᄒᆞ고獨宦官李忠言과昭容牛氏ㅣ侍左右ᄒᆞ야百官이奏事에自帷中으로可其奏ᄒᆞ다

二十一年이라正月癸巳에德宗이崩ᄒᆞ고太子ㅣ皇帝位에即ᄒᆞ니ᄯᅢ에順宗이音을失ᄒᆞ야能히事를決치못ᄒᆞ고深宮에常居ᄒᆞ야簾帷를施ᄒᆞ고ᄒᆞᆯ로宦官李忠言과昭

僴然註寬大貌

容牛氏ㅣ左右에侍ᄒᆞ야百官이事를奏ᄒᆞ미帷中으로븟허 그奏을可ᄒᆞ다

以王伾로爲左散騎常侍ᄒᆞ고王叔文으로爲起居舍人ᄒᆞ니大抵計事에叔文은依伾ᄒᆞ고伾는依忠言ᄒᆞ고忠言은依牛昭容ᄒᆞ야轉相交結ᄒᆞ야每事를先下翰林ᄒᆞ야使叔文으로可否然後에宣于中書ᄒᆞ니韋執誼ㅣ承而行之ᄒᆞ고外黨則韓泰柳宗元劉禹錫等이主采聽外事ᄒᆞ야謀議唱和ᄒᆞ야日夜에汲汲如狂ᄒᆞ야互相推奬ᄒᆞ야曰伊曰周曰管曰葛이라ᄒᆞ야僴然自得ᄒᆞ야謂天下에無人이라ᄒᆞ고榮辱進退ㅣ生於造次ᄒᆞ고惟其所欲에不拘程式ᄒᆞ니士大夫ㅣ畏之ᄒᆞ고道路ㅣ以目이러라

王伾로써左散騎常侍를삼고王叔文으로起居舍人을삼으니大抵事를計ᄒᆞ미叔文은伾에게依ᄒᆞ고伾는忠言의게依ᄒᆞ고忠言은牛昭容의게依ᄒᆞ야굴려셔로交結ᄒᆞ야每事를먼져翰林에下ᄒᆞ야叔文으로ᄒᆞ야금可否ᄒᆞᆫ然後에中書에宣ᄒᆞ니韋執誼ㅣ承ᄒᆞ야行ᄒᆞ고外黨則韓泰와柳宗元과劉禹錫等이外事를采聽ᄒᆞᆷ을主ᄒᆞ야唱和를謀議ᄒᆞ야日夜에汲汲히狂ᄒᆞᆷ과如ᄒᆞ야셔로推奬ᄒᆞ야曰伊요曰周요曰管이요曰葛이라ᄒᆞ야僴然이스스로得ᄒᆞ야일으되天下에人이無라ᄒᆞ고榮辱과進退가造次

生ᄒᆞ고오쟉그ᄒᆞ고ᄌᆞᄒᆞᄂᆞᆫ바에程式을拘ᄒᆞ지아니ᄒᆞ니士大夫ㅣ畏ᄒᆞ고道路ㅣ써
目ᄒᆞ드라

赦天下ᄒᆞ야諸色逋負를一切蠲免ᄒᆞ고常貢之外의悉罷進奉ᄒᆞ고貞元之末에政事爲人患者如宮市五坊小兒之類를悉罷之ᄒᆞ다上이在東宮에皆知其弊故로即位에首禁之ᄒᆞ니라

天下를赦ᄒᆞ야諸色에逋負를一切히蠲免ᄒᆞ고常貢ᄒᆞᄂᆞᆫ外에ᄂᆞᆫ다進奉을罷ᄒᆞ고貞元末에政事가人의患되ᄂᆞᆫ者宮市五坊小兒之類와如홈을다罷ᄒᆞ다上이東宮에在ᄒᆞ미다그弊를知ᄒᆞᆫ故로位에即홈에首로禁ᄒᆞ니라

上이疾久不愈라以廣陵王淳으로爲太子ᄒᆞ고更名純ᄒᆞ다

上이疾이久ᄒᆞ되愈치안ᄂᆞᆫ지라廣陵王淳으로써太子를삼고名을更ᄒᆞ야純이라ᄒᆞ다

八月庚子에制ᄒᆞ되令太子로即皇帝位ᄒᆞ고朕稱太上皇ᄒᆞ야徙居興慶宮ᄒᆞ고貶王伾開州司馬ᄒᆞ고王叔文渝州司戶ᄒᆞ니伾ᄂᆞᆫ尋에病死貶所ᄒᆞ고明年에賜叔文死ᄒᆞ다乙巳에憲宗이即位於宣政殿ᄒᆞ다

憲宗博聞多能曰憲

八月庚子에制ᄒᆞ되太子로하여곰皇帝位에即ᄒᆞ고朕은太上皇이라稱ᄒᆞ야興慶宮

에徙居ᄒᆞ고王伾ᄅᆞᆯ開州司馬로貶ᄒᆞ고王叔文은渝州司戶로ᄒᆞ니伾ᄂᆞᆫ尋에病ᄒᆞ야貶所에셔死ᄒᆞ고明年에叔文은死ᄅᆞᆯ賜ᄒᆞ다乙巳에憲宗이宣政殿에셔即位ᄒᆞ다

**西川節度使南康忠武王韋皐ㅣ卒ᄒᆞ니副使劉闢이自爲留後ᄒᆞ야表求節鉞ᄒᆞ니朝廷이不許ᄒᆞ고徵爲給事中ᄒᆞ니闢이不受徵ᄒᆞ고阻兵自守러라**

西州節度使南康忠武王韋皐ㅣ卒ᄒᆞ니副使劉闢이스ᄉᆞ로留後가되야表ᄒᆞ야節鉞을求ᄒᆞ니朝廷에셔許치아니ᄒᆞ고徵ᄒᆞ야給事中을삼으니闢이徵을受치아니ᄒᆞ고兵으로阻ᄒᆞ야스ᄉᆞ로守러라

**十二月에以闢으로爲西川節度副使ᄒᆞ야知節度事ᄒᆞ니上이以初嗣位에力未能討故也러라**

十二月에闢으로써西川節度副使ᄅᆞᆯ삼어節度事ᄅᆞᆯ知케ᄒᆞ니上이初로位에嗣홈에力이能히討치못홈으로써ᄒᆞᆫ故이러라

甲子掣肘肘臂節也說苑魯使宓子賤爲單父宰子賤恐魯君聽讒不得行其政請君之近吏善書者與俱至官使書之從旁引其肘書醜則怒之欲好書則又引之書者辭歸以告魯君以問孔子孔子曰宓不齊君子也意者以此爲諫乎公寤曰寡人亂宓子之政而

責其善者數矣使人告之曰從子之制未幾畢父治丙寅六押押署也給舍分司押事故
舍人謂之六押舍人六人分署制勅以六員分押尙書六曹佐宰相判案同署乃奏中戌
少卯孔子爲魯司寇七日而誅亂政大夫少正卯子貢進曰夫少正卯魯之聞人也今夫
子爲政而誅之或者失乎孔子曰天下有大惡者五而竊盜不與焉曰心逆而陰行辟而
堅言僞而辨記醜而博順非而澤此五者有一於人不免君子之誅而少正卯皆兼有之
其居處足以聚徒成黨其談說足以飾褒榮衆其强禦足以反是獨立此人之奸雄者不
可不除也乙亥白麻制用白麻紙詔用白藤紙書用黃麻紙中書初用玄白二麻爲綸命
輕重之辨其後獨用黃麻紙其白麻在北院凡德音赦宥立后建儲拜免將相恤災患討
不廷乃得用之不用印丁丑脚價錢謂僦人員荷進奉物入內之費有田夫以驢負柴宦
者稱宮市取之又索門戶田夫曰我有父母妻子待此而食以柴與汝不取直而歸汝尙
不肯我有死而已遂毆宦者街吏擒以聞詔黜宦賜田夫絹十匹然而宮市不罷諫官數
諫徐州節度使張建封入朝亦具奏之判度支蘇弁希宦者意奏京師游手萬家無土著
生業仰宮市取給上信之故凡言宮市皆不聽也乙酉五坊小兒鵰坊鶻坊鷂坊狗坊鷹
坊時閑廐使押五坊以供時狩小兒張捕鳥雀於閭里者皆爲暴橫以取人錢物至有張
羅網於門或張井上近之輒曰汝驚供奉鳥雀即痛毆之出物求謝乃去節鉞節長一尺
二寸凡爲使者持之秦漢以下皆爲旌幢之形鉞大斧也賜之者示征伐自天子出也又
節猶信也行者所執之信也古曰節以專殺鉞以專斷

# 唐紀

憲宗(名純 順宗長子) 在位十五年 壽四十三

剛明果斷志平僭叛能用忠謀惑羣議卒收成功唐之威令幾於復振足爲中興之主及其晩節信用非人不終其業惜哉

(丙戌)元和元年이라劉闢이旣得旌節에志益驕ᄒᆞ야求兼領三川이어ᄂᆞᆯ(三川謂東川西川山南西道也)上이不許러니闢이遂發兵ᄒᆞ야圍東川節度使李康於梓州어ᄂᆞᆯ上이欲討闢而重於用兵ᄒᆞ고公卿議者ㅣ亦以爲蜀은險固難取라ᄒᆞ야ᄂᆞᆯ杜黃裳이獨曰闢은狂戇書生이라(戇直降反愚也)取之如拾芥ᄒᆞ니臣이知神策軍使高崇文이勇略이可用ᄒᆞ니願陛下ㅣ專以軍事로委之ᄒᆞ고勿置監軍이면闢을可擒이니이다上이從ᄒᆞ니翰林學士李吉甫ㅣ亦勸上討蜀이어ᄂᆞᆯ上이由是로器之ᄒᆞ야

元和元年이라劉闢이이미旌節을得ᄒᆞ미志가더욱驕ᄒᆞ야三川을兼領ᄒᆞ기ᄅᆞᆯ求ᄒᆞ거ᄂᆞᆯ上이許치안얏더니闢이드듸여兵을發ᄒᆞ야東川節度使李康을梓州에圍ᄒᆞ거ᄂᆞᆯ上이闢을討코져ᄒᆞ나用兵ᄒᆞᆷ에重히ᄒᆞ고公卿議者ㅣ또ᄒᆞᆫ써호ᄃᆡ蜀은險固ᄒᆞ야

杜黃裳自字遵素物故見前註

取ᄒᆞ기難ᄒᆞ다ᄒᆞ야ᄂᆞᆯ杜黃裳이ᄀᆞᆯ로ᄃᆡ闢은狂戇ᄒᆞᆫ書生이라取ᄒᆞ기芥ᄅᆞᆯ拾ᄒᆞᆷ과如ᄒᆞ니臣이知컨ᄃᆡ神策軍使高崇文이勇畧이可히用ᄒᆞᆯ만ᄒᆞ니願컨ᄃᆡ陛下ㅣ오로지軍事로ᄡᅥ委ᄒᆞ고監軍을置치아니ᄒᆞ면闢을可히擒ᄒᆞ리이다上이從ᄒᆞ니翰林學士李吉甫ㅣ또ᄒᆞᆫ上ᄭᅴ蜀을討ᄒᆞᆷ을勸ᄒᆞ거ᄂᆞᆯ上이是로由ᄒᆞ야器히여겨

戊子에命高崇文ᄒᆞ야將步騎五千ᄒᆞ야爲前軍ᄒᆞ고與兵馬使李元奕과山南西道節度使嚴礪로同討闢ᄒᆞ다 出黃裳傳 上이與杜黃裳으로論及藩鎭ᄒᆞ니黃裳이曰德宗이自經憂患으로務爲姑息ᄒᆞ야不生除節帥에有物故者러니先遣中使ᄒᆞ야察軍情所與ᄒᆞ야則授之ᄒᆞᆯ서中使或私受大將賂ᄒᆞ야歸而譽之ᄒᆞ니即降旄鉞ᄒᆞ고 釋義旄者毛幢也鉞音曰大斧也行節制持之書武王左使黃鉞右秉白旄以麾 未嘗有出朝廷之意者라陛下ㅣ必欲振舉紀綱이면宜稍以法度로裁制藩鎭然後에天下를可得而理也리이다上이深以爲然ᄒᆞ야於是에始用兵討蜀ᄒᆞᆯ서以至威로行兩河ᄒᆞ니皆黃裳이啓之也리라 出本傳 劉闢이陷梓州ᄒᆞ고執李康ᄒᆞ다二月에嚴礪ㅣ拔劒州ᄒᆞ고斬其

刺史文德昭ᄒᆞ다

戊子에高宗文을命ᄒᆞ야步騎五千을將ᄒᆞ야前軍을合고兵馬使李元奕과山南西道節度使嚴礪로더부러ᄒᆞᆫ가지闢을討케ᄒᆞ다上이杜黃裳으로더부러藩鎭을論及ᄒᆞ니黃裳이曰德宗이憂患을經ᄒᆞ심으로부터姑息不生을務ᄒᆞ야節帥를除ᄒᆞ미物故ᄒᆞ는者ㅣ有ᄒᆞ더니몬져中使을遣ᄒᆞ야軍情의與ᄒᆞ는바를察ᄒᆞ야곳授ᄒᆞᆯ시中使ㅣ或大將의賂을私受ᄒᆞ야歸ᄒᆞ야譽ᄒᆞ니곳旄鉞을降ᄒᆞ고嘗히朝廷의意에出ᄒᆞᆫ者ㅣ有치아니ᄒᆞᆫ지라陛下ㅣ반다시紀綱을振擧코져ᄒᆞ면맛당이점々法度로써藩鎭을裁制ᄒᆞᆫ然後에天下를可히得ᄒᆞ야理ᄒᆞ리이다上이깁히써然히ᄒᆞ야이에비로소兵을用ᄒᆞ야蜀을討ᄒᆞᆯ시至威로써兩河를行ᄒᆞ니다黃裳이啓ᄒᆞᆷ이러라劉闢이梓州를陷ᄒᆞ고李康를執ᄒᆞ다二月에嚴礪ㅣ劍州를拔ᄒᆞ고그刺史文德昭를斬ᄒᆞ다

上이與宰相으로論自古帝王ᄒᆞᆯ서或勤勞庶政ᄒᆞ고或端拱無爲ᄒᆞ야互有得失ᄒᆞ니何爲而可오杜黃裳이對曰王者ᄂᆞᆫ上承天地宗廟ᄒᆞ고下撫百姓四夷ᄒᆞ야夙夜憂勤ᄒᆞ야固不可自暇自逸ᄂᆞ니然이나上下ㅣ有分ᄒᆞ고紀綱이有序ᄒᆞ니苟愼選天下賢才而委任之ᄒᆞ야有功則賞ᄒᆞ고有罪則刑ᄒᆞ야選用以公ᄒᆞ고賞刑以信則誰不盡力니며何求

不獲哉가잇

上이宰相으로더부러自古帝王을論호ᄃᆡ或庶政에勤勞ᄒᆞ고或端拱ᄒᆞ야爲홈이無ᄒᆞ야서로得失이有ᄒᆞ니엇지ᄒᆞ면可ᄒᆞᆯ고杜黃裳이對ᄒᆞ야曰王者ᄂᆞᆫ上으로天地宗廟ᄅᆞᆯ承ᄒᆞ고下으로ᄂᆞᆫ百姓四夷ᄅᆞᆯ撫ᄒᆞ야夙夜에憂勤ᄒᆞ야진실로可히스ᄉᆞ로暇ᄒᆞ고스ᄉᆞ로逸ᄒᆞ지못ᄒᆞᄂᆞ니그러나上下ㅣ分이有ᄒᆞ고紀綱이序가有ᄒᆞ니진실로天下의賢才ᄅᆞᆯ愼選ᄒᆞ야委任ᄒᆞ야功이有ᄒᆞᆫ즉賞ᄒᆞ고罪가有ᄒᆞᆫ즉刑ᄒᆞ야選用을公으로써ᄒᆞ고賞刑을信으로써ᄒᆞᆫ즉누가力을盡ᄒᆞ지아니ᄒᆞ며何ᄅᆞᆯ求ᄒᆞᆫ들獲ᄒᆞ지못ᄒᆞ리잇가

明主ᄂᆞᆫ勞於求賢而逸於任人ᄒᆞ나니此ᄂᆞᆫ虞舜이所以能無爲而治者也라至於簿書獄市煩細之事ᄒᆞ야ᄂᆞᆫ各有司存ᄒᆞ니非人主의所宜親也니이다昔에秦始皇은以衡石으로程書ᄒᆞ고 秦始皇本記以衡石量書日夜有程註云衡稱衡也石百二十斤言表箋奏請稱取一石日夜有程期不滿不得休息 魏明帝ᄂᆞᆫ按行尙書事ᄒᆞ고 魏明帝一日卒至尙書門陳矯跪請曰陛下欲何之帝曰欲按行文書耳矯曰此自臣職分非陛下所宜臨也帝慙回車 隋文帝ᄂᆞᆫ衛士로傳餐ᄒᆞᄃᆡ 隋文帝每臨朝或至日昃未暇大食令侍衛者傳餐 皆無補於當時요取譏於後來ᄒᆞ니其耳目形神이非不勤且勞也로ᄃᆡ所務ㅣ非

其道也이니라 夫人主ᄂᆞᆫ 患不推誠이요 人臣은 患不竭忠이니 苟上疑
其下ᄒᆞ고 下疑其上이면 將以求理ㅣ不亦難乎잇가 上이 深然其言이러라

明主ᄂᆞᆫ求賢ᄒᆞᆷ에勞ᄒᆞ고任人ᄒᆞᆷ에逸ᄒᆞᄂᆞ니此ᄂᆞᆫ虞舜이能히無爲ᄒᆞᆷ으로써治ᄒᆞᆷ이
라簿書와獄市煩細ᄒᆞᆫ事에至ᄒᆞ야ᄂᆞᆫ各기有司가存ᄒᆞ니人主의맛당히親이ᄒᆞᆯ비아
니니이다昔에秦始皇은衡石으로써書를程ᄒᆞ고魏明帝ᄂᆞᆫ尙書事를按行ᄒᆞ고隋文
帝ᄂᆞᆫ衛士로餐를傳ᄒᆞ되다當時에補ᄒᆞᆷ이無ᄒᆞ고後來의譏ᄒᆞᆷ을取ᄒᆞ니其耳目形神
이勤ᄒᆞ고ᄯᅩ勞ᄒᆞᆷ이아은님아니로되務ᄒᆞᆫ바이其道가아이니이다무릇人主ᄂᆞᆫ誠를
推치못ᄒᆞᆷ를患ᄒᆞ고人臣은忠을竭치못ᄒᆞᆷ을患ᄒᆞᄂᆞ니진실로上이其下를疑ᄒᆞ고下
가其上을疑ᄒᆞ면장찻써理를求ᄒᆞᆷ이ᄯᅩᄒᆞᆫ難치아니ᄒᆞ리잇가上이깁히其言을然히
여기더라

又本傳云黃裳知帝銳於治恐不得其要因推言王者之道在修己任賢操執綱領得其
大者而已

三月에 高崇文이 引兵自閬州로 趣梓州ᄒᆞ니 劉闢의 將邢泚ㅣ引
兵遁去여늘 崇文이 入屯梓州ᄒᆞ다

三月에高崇文이兵을引ᄒᆞ고閬州로부터梓州에趣ᄒᆞ니劉闢의將邢泚ㅣ兵을引ᄒᆞ

고遁去ᄒᆞ거ᄂᆞᆯ文崇이드러가梓州에屯ᄒᆞ다

以李巽으로爲度支塩鐵轉運使ᄒᆞ다自劉晏之後로居財賦之職을莫能繼之러니巽이掌使一年에征課所入이類晏之多오明年에過之ᄒᆞ고又一年에加一百八十萬緡ᄒᆞ니라 出本傳

李巽으로써度支塩鐵轉運使를ᄉᆞᆷ다劉晏의後로부터財賦에居ᄒᆞᆫ職을能히繼ᄒᆞ리업더니巽이一年을掌使ᄒᆞ미征課所入이晏의多ᄒᆞᆷ과類ᄒᆞ고明年에過ᄒᆞ고ᄯᅩ一年에一百八十萬緡이加ᄒᆞ엿더라

九月에高崇文이又敗劉闢之衆於鹿頭關ᄒᆞ고 漢地志廣漢郡德陽縣有鹿頭山其關以山得名也 長驅直指成都ᄒᆞ니所向에崩潰ᄒᆞ야軍不留行이라辛亥에克成都ᄒᆞ니劉闢이帥數十騎ᄒᆞ고西奔吐蕃이여ᄂᆞᆯ崇文이使高霞寓等으로追及擒之ᄒᆞ고崇文이入成都ᄒᆞ야屯於通街ᄒᆞ고休息士卒ᄒᆞ니市肆ㅣ不驚ᄒᆞ고珍寶ㅣ山積호ᄃᆡ秋毫不犯이라檻劉闢ᄒᆞ야 檻通作轞戶咸反圈也謂以檻車送劉闢也 送京師ᄒᆞ고幷獲其黨誅之ᄒᆞ고餘無所問ᄒᆞ고從容指撝ᄒᆞ니 指撝謂手指撝斥事務 一境이皆平이러라

出崇文傳

九月에高崇文이또劉闢의衆을鹿頭關에서파ᄒᆞ고長驅ᄒᆞ야成都로直指ᄒᆞ니向ᄒᆞᄂᆞᆫ바에崩潰ᄒᆞ야軍이留行치안ᄂᆞᆫ지라辛亥에成都를克ᄒᆞ니劉闢이數十騎를帥ᄒᆞ고西으로吐蕃에奔ᄒᆞ거ᄂᆞᆯ崇文이高霞寓으로ᄒᆞ야금追及ᄒᆞ야擒ᄒᆞ고崇文이成都에入ᄒᆞ야通衢에屯ᄒᆞ고士卒을休息ᄒᆞ니市肆ㅣ驚ᄒᆞ지안니ᄒᆞ고珍貨가山처럼積ᄒᆞ되秋毫만콤도犯ᄒᆞ지안ᄂᆞᆫ지라劉闢을檻ᄒᆞ야京師에送ᄒᆞ고其黨을幷獲ᄒᆞ야誅ᄒᆞ고餘ᄂᆞᆫ問ᄒᆞᄂᆞᆫ바가無ᄒᆞ고從容이指撝ᄒᆞ니一境이다平ᄒᆞ더라

杜黃裳이建議征蜀ᄒᆞ고及指授高崇文方略ᄒᆞ니皆懸合事宜라及蜀平에宰相이入賀어ᄂᆞᆯ上이目黃裳曰卿之功也ㅣ니라

杜黃裳이征蜀ᄒᆞᄂᆞᆫ議를建ᄒᆞ고밋高崇文에게方略을指授ᄒᆞ니다事宜에懸合ᄒᆞᆫ지라밋蜀이平ᄒᆞ미宰相이드러와賀ᄒᆞ거ᄂᆞᆯ上이黃裳을目ᄒᆞ야曰卿의功이니라

(丁亥)二年이라杜黃裳이有經濟大略而不修小節故로不得久在相位러라正月乙巳에以黃裳으로同平章事ᄒᆞ야充河中晉絳慈隰節度使ᄒᆞ고以戶部侍郎武元衡으로爲門下侍郎翰林學士ᄒᆞ고李吉甫로爲中書侍郎ᄒᆞ야並同平章事ᄒᆞ니吉甫ㅣ聞之ᄒᆞ고感泣ᄒᆞ야

經濟彙經理

慈隰音濕

裴垍音忌

後進註猶
言後輩

謂中書舍人裴垍曰吉甫ㅣ流落江淮ㅣ踰十五年이러니一朝에
蒙恩至此ᄒᆞ니思所以報德인ᄃᆞᆫ惟在進賢而朝廷後進을罕所接
識이라ᄒᆞ니君有精鑒ᄒᆞ니願悉爲我言之ᄒᆞ라垍이取筆疏三十餘人이어ᄂᆞᆯ
數月之間에選用略盡ᄒᆞ니當時翕然ᄒᆞ야稱吉甫爲得人이러라 出本傳

二年이라杜黃裳이經濟大略이有ᄒᆞ고小節을修ᄒᆞ지안ᄂᆞᆫ故로오ᄅᆡ相位에在홈을
得ᄒᆞ지못ᄒᆞ다正月乙巳에杜黃裳으로ᄡᅥ平章事를同히ᄒᆞ야河中晉絳慈隰節度使
를充ᄒᆞ고戶部侍郎武元衡으로ᄡᅥ門下侍郎翰林學士를삼고李吉甫로中書侍郎을
삼어平章事를並同케ᄒᆞ니吉甫ㅣ聞ᄒᆞ고感泣ᄒᆞ며中書舍人裴垍더러謂曰吉甫ㅣ
江淮에流落ᄒᆞᆫ지十五年에踰ᄒᆞ더니一朝에恩을蒙홈이此에至ᄒᆞ니ᄡᅥ報德홀바를
思컨ᄃᆡ오쟉賢을進ᄒᆞᄂᆞᆫᄃᆡ在ᄒᆞᆫ니朝廷後進을接識홀바가罕ᄒᆞᆫ지라君은精鑒이有
ᄒᆞ니願컨ᄃᆡ我를爲ᄒᆞ야言ᄒᆞ라垍ㅣ筆을取ᄒᆞ야三十餘人을疏ᄒᆞ거ᄂᆞᆯ數月의間에
選用ᄒᆞ야略盡ᄒᆞ니當時에翕然ᄒᆞ야吉甫ㅣ得人홈을稱ᄒᆞ더라

夏蜀이既平에藩鎭이惕息ᄒᆞ야 楊惠琳知夏綏留後元平拒命兵馬使斬之釋義惕他的反恐懼貌 多求入朝다 鎭
海節度使李錡ㅣ亦不自安ᄒᆞ야求入朝어ᄂᆞᆯ上이許之ᄒᆞᆫᄃᆡ錡ㅣ實無
行意ᄒᆞ야屢上表稱疾ᄒᆞ고請至歲暮入朝여ᄂᆞᆯ上이以問宰相武元

衡ᄒᆞᆫ디曰陛下ㅣ初即政에錡ㅣ求朝得朝ᄒᆞ고求止則止ᄒᆞ니可否ㅣ在
錡라將何以令四海잇고上이以爲然ᄒᆞ야下詔徵之ᄒᆞ니錡ㅣ詐窮ᄒᆞ야遂
謀反이러라

夏蜀이이미平ᄒᆞᆷ에藩鎭이惕息ᄒᆞ야마니入朝ᄒᆞᆷ을求ᄒᆞᄂᆞᆫ지라鎭海節度使李錡ㅣ
또ᄒᆞᆫ스ᄉᆞ로安치못ᄒᆞ야入朝ᄒᆞ기를求ᄒᆞᆫ디上이許ᄒᆞ니錡ㅣ실상行ᄒᆞᆯ意가無ᄒᆞ야
여러번表를上ᄒᆞ야疾을稱ᄒᆞ고請컨디歲暮에至ᄒᆞ야朝에入ᄒᆞ겟다ᄒᆞ거ᄂᆞᆯ上이써
宰相武元衡에게問ᄒᆞᆫ디曰陛下ㅣ처음으로政에即ᄒᆞ시믜錡ㅣ朝ᄒᆞ기를求ᄒᆞ야朝
ᄒᆞᆷ을得ᄒᆞ고止ᄒᆞ기를求ᄒᆞ야곳止ᄒᆞ니可否ㅣ錡의게在ᄒᆞᆫ지라장찻엇지써四海를
令ᄒᆞ리잇고上이써然라ᄒᆞ야詔를下ᄒᆞ야徵ᄒᆞ니錡ㅣ詐窮ᄒᆞ야드듸여反ᄒᆞᆷ을謀ᄒᆞ
더라

冬十月에左右ㅣ執錡械送長安ᄒᆞ니有司ㅣ籍錡家財ᄒᆞ야輸京師
ᄒᆞᆫ서翰林學士裴垍李絳이上言以爲ᄒᆞ되李錡ㅣ僭侈ᄒᆞ야割剝六州
之人ᄒᆞ야以富其家ᄒᆞ더今輦輸上京이면恐遠近이失望이라願以逆人
資財로賜浙西百姓ᄒᆞ야代今年租賦ᄒᆞ소서上이嘉歎久之ᄒᆞ고卽從
其言ᄒᆞ다 出降等傳

六州潤睦常蘇湖杭也

冬十月에左右ㅣ錡를執ᄒᆞ야京師에械送ᄒᆞ니有司ㅣ錡의家를籍몰ᄒᆞ야財를京師에輸ᄒᆞᆯ서翰林學士裵垍과李絳이言을上ᄒᆞ야써ᄒᆞ되錡ㅣ僭侈ᄒᆞ야六州에人을割剝ᄒᆞ야그집을富ᄒᆞ얏거늘今에輦輸ᄒᆞ야京으로上ᄒᆞ면恐ᄒᆞ건ᄃᆡ遠近이望홈을失ᄒᆞᆯ지라원컨ᄃᆡ逆人의資財로써浙西百姓을賜ᄒᆞ야今年의租賦을代ᄒᆞ게ᄒᆞ소서上이嘉歎ᄒᆞ기를久히ᄒᆞ고곳其言을從ᄒᆞ다

李絳傳에曰帝ㅣ常稱太宗玄宗之盛ᄒᆞ고欲庶幾二祖之道德風烈ᄒᆞ노니何行而至此乎아絳이曰陛下ㅣ誠能正身勵己ᄒᆞ야尊道貴德ᄒᆞ시고遠邪佞進忠直ᄒᆞ샤與大臣으로言에敬而信ᄒᆞ야無使小人으로叅焉ᄒᆞ고與賢者로遊에親而禮ᄒᆞ야無使不肖로與焉ᄒᆞ소서如是則可與祖宗으로合德ᄒᆞ야號稱中興이夫何遠之有리잇고帝ㅣ曰美哉라斯言을朕將書紳ᄒᆞ리라

李絳傳에曰帝ㅣ샹히太宗玄宗의盛홈을稱ᄒᆞ고二祖의道德風烈을庶幾ᄒᆞ고ᄌᆞᄒᆞ노니何히行ᄒᆞ면此에至ᄒᆞ랴絳이曰陛下ㅣ진실노能히身을正ᄒᆞ시고己를勵ᄒᆞ야道를尊ᄒᆞ시고德을貴히ᄒᆞ시고邪佞을멀니ᄒᆞ시고忠直을進ᄒᆞ샤大臣으로더부러

(以儆)戒也

(就有)註就猶縱也若也

言ᄒᆞ시며敬ᄒᆞ시고信ᄒᆞ야小人으로ᄒᆞ야금忝홈이無ᄒᆞ게ᄒᆞ고賢者로더부러遊홈에親ᄒᆞ고禮로ᄒᆞ야不肖로ᄒᆞ야금與치無ᄒᆞ게ᄒᆞ소셔이갓치ᄒᆞ신즉可히祖宗으로더부러合德ᄒᆞ야號稱中興홈이무릇웃지遠홈이有ᄒᆞ리잇고帝ㅣ日美ᄒᆞ다이言을朕이쟝찻紳에書ᄒᆞ리라

上이嘗從容問李絳曰諫官이多謗訕朝政ᄒᆞ야皆無事實ᄒᆞ니朕이欲謫其尤者一二人ᄒᆞ야以儆其餘ᄒᆞ노니如何오對曰此는殆非陛下之意요必有邪臣이欲壅蔽陛下之聰明也라人臣死生은繫人主喜怒ᄒᆞ니敢發口諫者ㅣ有幾ᄒᆞ야就有諫者晝度夜思ᄒᆞ고(度達各反付度也)朝删暮減ᄒᆞ고比得上達에十無二三故로人主ㅣ孜孜求諫ᄒᆞ되猶懼不至여던況罪之乎잇가如此면杜天下之口니ㅣ非社稷之福也ㅣ니이다上이善其言而止ᄒᆞ다(出本傳如欲陳十事俄而失五六及將以聞又憚而削其半故上達者才十二)

上이嘗히從容이李絳더러問ᄒᆞ야日諫官이만이朝政을謗訕ᄒᆞ야다事實이無ᄒᆞ니朕이그尤ᄒᆞᆫ者一二人을謫ᄒᆞ야其餘를써儆ᄒᆞ고ᄌᆞᄒᆞ노니엇더ᄒᆞ고對ᄒᆞ야日此ᄂᆞᆫ자못陛下의意가아니요반다시邪臣이有ᄒᆞ야陛下의聰明을壅蔽ᄒᆞ고ᄌᆞ홈이라人

臣의死生은人主의喜怒에繫ᄒᆞ니敢히口로發諫ᄒᆞᄂᆞᆫ者ㅣ몃치有ᄒᆞ야만일諫者ㅣ晝로度ᄒᆞ고夜로思ᄒᆞ고朝에刪ᄒᆞ고暮에減ᄒᆞ고上達에得홈을比ᄒᆞ미十에二三이無ᄒᆞᆫ故로人主ㅣ孜孜히諫홈을求ᄒᆞ되오히려至치못ᄒᆞᆯ가懼ᄒᆞ거든하물며罪홈이리잇가如此면天下의口를杜홈이니社稷의福이안이니이다上이其言을善히여여止ᄒᆞ다

是歲에李吉甫ㅣ撰元和國計簿ᄒᆞ야上之ᄒᆞ니除鳳翔鄜坊淮西淄靑等十五道七十一州ᄒᆞ야不申戶口外에每歲賦稅ᄒᆞ고倚辦은止於兩浙江東西宣歙淮南江西鄂岳福建湖南八道四十九州一百四十四萬戶ᄒᆞ니比天寶稅戶ᄒᆞ야四分에減三이오天下兵이仰給縣官者ㅣ八十三萬人이니比天寶ᄒᆞ야三分增一이라大率二戶에資一兵호ᄃᆡ其水旱所傷과非時調發은不在此數ㅣ러라

(大率)彙晉精總率不在此數水旱所傷則量減賦稅非時調發則出於常賦之外

是歲에李吉甫ㅣ元和國計簿를撰ᄒᆞ야上ᄒᆞ니鳳翔鄜坊淮西淄靑等十五道七十一州를除ᄒᆞ야不申戶口外에每歲賦稅ᄒᆞ고倚辦은兩浙江東西宣歙淮南鄂岳福建湖南八道四十九州一百四十四萬戶에止ᄒᆞ니天寶稅戶에比ᄒᆞ야四分에三을減ᄒᆞ고

天下兵이縣官에仰給ᄒᆞᄂᆞᆫ者ㅣ八十三萬人이니天寶에比ᄒᆞ야三分에一을增ᄒᆞᆫ지라大率은二戶에一兵을資호ᄃᆡ그水旱에傷ᄒᆞᆫ바와非時에調發은此數에不在러라

**(戊子)三年**이라**以戶部侍郎裴垍**로**爲中書侍郎**ᄒᆞ야**同平章事**ᄒᆞ다

三年이라戶部侍郎裴垍로써中書侍郎을ᄉᆞᆷ어平章事를同히ᄒᆞ다

**初**에**德宗**이**不任宰相**ᄒᆞ고**天下細務**를**皆自決之**ᄒᆞ니**由是**로**裴延齡輩**ㅣ**得用事**러라**上**이**在藩邸**ᄒᆞ야**心固非之**러니**及即位**에**選擢宰相**ᄒᆞ야**推心委之**ᄒᆞ고**嘗謂垍等曰以太宗玄宗之明**으로도**猶藉輔佐**ᄒᆞ야**以成其理**어든**況如朕**이**不及先聖萬倍者乎**아**垍**ㅣ**亦竭誠輔佐**러라**上**이**嘗問垍**호ᄃᆡ**爲理之要**ᄂᆞᆫ**何先**고**對曰先正其心**이니이다

初에德宗이宰相에任ᄒᆞ지아니ᄒᆞ고天下의細務를다ᄉᆞᄉᆞ로決ᄒᆞ니由是로裴延齡輩가用事홈을得ᄒᆞ엿더라上이藩邸에在ᄒᆞ야心에진실로非히ᄒᆞ더니밋位에即ᄒᆞᄆᆡ宰相을選擢ᄒᆞ야心을推ᄒᆞ야委ᄒᆞ고일즉垍等더러謂ᄒᆞ야曰太宗玄宗의明으로써오히려輔佐를藉ᄒᆞ야써그理를成ᄒᆞ엿거든況朕갓ᄒᆞ니가先聖의及지못홈이萬倍나될者랴垍ㅣ또ᄒᆞᆫ誠을竭ᄒᆞ고輔佐ᄒᆞ더라上이일즉垍더러問호ᄃᆡ理ᄒᆞᄂᆞᆫ要ᄂᆞᆫ何를先히ᄒᆞᆯ고對ᄒᆞ야曰先히그心을正ᄒᆞᆯ지니이다

建中德宗年號降省估降或也省估都省所立價也

留州留爲本州用

賞之奬觀使盡言

舊制에民이輸稅ㅣ有三ᄒᆞ니一曰上供이오二曰送使요三曰留州러라建中初에定兩稅ᄒᆞ니時에貨重錢輕이러니是後에貨輕錢重ᄒᆞ야民所出이已倍其初오王氏曰謂民輸本色準錢已過倍也子本等曰倍音簿亥反係上聲 其留州送使者는所在에又降省估ᄒᆞ고就實估ᄒᆞ야以重歛於民이러니估直也省估猶言公估實估猶言私估 及垍ㅣ爲相에奏天下留州送使物을請一切用省估ᄒᆞ고其觀察使ㅣ先稅所理之州ᄒᆞ야以自給不足然後에許稅所屬之州ᄒᆞ니由是로江淮之民이稍蘇息이러라

舊制에民이稅를輸홈이三이有ᄒᆞ니一曰上供이요二曰送使요三曰留州러라建中初에兩稅를定ᄒᆞ니ᄯᅢ에貨ㅣ重ᄒᆞ고錢이輕ᄒᆞ더니是後에貨ㅣ輕ᄒᆞ고錢이重ᄒᆞ야民의出ᄒᆞᄂᆞᆫ바가임의그初버덤倍가되고그留州와送使者在ᄒᆞᆫ바에ᄯᅩ省估를降ᄒᆞ고實估에就ᄒᆞ야써民의게重歛ᄒᆞ더니밋垍ㅣ相이되미奏ᄒᆞ되天下의留州와送使物을請컨ᄃᆡ一切히省估에用ᄒᆞ고그觀察使ㅣ先히所理의州를稅ᄒᆞ야써ᄉᆞᄉᆞ로不足을給ᄒᆞᆫ然後에所屬의州에許稅ᄒᆞ니由是로江淮의民이점々蘇息ᄒᆞ더다

先是에執政이多惡諫官이言時政得失ᄒᆞ되垍ㅣ獨賞之러니垍ㅣ器

器局峻整 目謂器用 局格峻嚴 整齊也

局이峻整ᄒᆞ니人不敢干以私라 嘗有故人이 自遠詣之어ᄂᆞᆯ 垍ㅣ資給優厚ᄒᆞ고 從容欵狎ᄒᆞ니 其人이 乘間求京兆判司어ᄂᆞᆯ 垍ㅣ 曰公才不稱此官ᄒᆞ니 不敢以故人之私로 傷朝廷至公이니 他日에 有盲宰相이 怜公者면 (盲眉庚反目無瞳子也謂其無所見也) 不妨得之어니와 垍則不必可라ᄒᆞ더라 (出本傳)

先是에 執政이 諫官이 時政得失을 言ᄒᆞᆷ을 惡ᄒᆞ는이가 多호ᄃᆡ 垍ㅣ 홀로 賞ᄒᆞ더니 垍ㅣ 器局이 峻整ᄒᆞ니 人이 敢히 私로써 干ᄒᆞ지 못ᄒᆞ드라 일즉 故人이 遠으로부터 詣ᄒᆞ미 有ᄒᆞ거ᄂᆞᆯ 垍ㅣ 優厚히 資給ᄒᆞ고 從容히 欵狎ᄒᆞ니 其人이 間을 乘ᄒᆞ야 京兆判司를 求ᄒᆞ거ᄂᆞᆯ 垍ㅣ 曰 公의 才가 此官을 稱치 못ᄒᆞ겟ᄉᆞ니 敢히 故人의 私로써 朝廷의 至公을 傷ᄒᆞᆯ수 가 엽ᄉᆞ니 他日에 盲宰相이 公을 怜ᄒᆞ는者ㅣ 有ᄒᆞ면 得ᄒᆞᆷ이 不妨ᄒᆞ려니와 垍인즉 必히 不可라ᄒᆞ더라

(己丑)四年이라 春正月에 南方이 旱饑어ᄂᆞᆯ 命左司郞中鄭敬等ᄒᆞ야 爲江淮ㅣ 二浙荊湖襄鄂等道宣慰使ᄒᆞ야 賑恤之ᄒᆞᆯ새 將行에 上이 戒之曰 朕이 宮中에 用帛一疋호ᄃᆡ 皆籍其數ᄒᆞ고 惟賙救百姓則不計費ᄒᆞ노니 (賙之由反 贍賑也) 卿輩ᄂᆞᆫ 宜誠此意ᄒᆞ야 勿效潘孟陽飮酒遊山

(潘孟陽) 註憲宗以

孟陽爲鹽鐵轉運副使所至留連倡樂彈射酣飮遊山寺

而已니라 潘孟陽傳

四年이라春正月에南方이旱饑ᄒᆞ거ᄂᆞᆯ左司郎中鄭敬等을命ᄒᆞ야江淮二浙荆湖襄鄂等道宣慰使를삼어賑恤ᄒᆞᆯ시장찻行ᄒᆞ미上이戒ᄒᆞ야曰朕이宮中에셔帛一匹을用ᄒᆞ되다그數를籍ᄒᆞ고오직百姓을賙救ᄒᆞᆷ인즉費를不計ᄒᆞ노니卿輩ᄂᆞᆫ마당이此意를誠ᄒᆞ야潘孟陽의酒를飮ᄒᆞ고遊山ᄒᆞᆷ을效치말ᄯᆞ름이니라

上이欲革河北諸鎭世襲之弊ᄒᆞ야 襲因也子孫世世因祖父之爵而有之也 乘王士眞死ᄒᆞ야欲自朝廷으로除人ᄒᆞ고不從則興師討之어ᄂᆞᆯ裴垍曰李納은跋扈不恭ᄒᆞ고 跋扈晉拔戶跳梁也一說扈籬也水居者於水未至爲扈水去則大魚跋扈而出小魚獨留也 王武俊은有功於國이라陛下ㅣ前許師道ᄒᆞ니 許容也元年李師古卒其弟師道自立杜黃裳請乘其未定而分之上以劉闢未平遂容師道爲留後 今奪承宗이면沮勸이違理ᄒᆞ니彼必不服이리이다由是로議久不決ᄒᆞ야以問諸學士ᄒᆞ니李絳이對曰河北은不遵聲敎ᄒᆞ니誰不憤歎이리오마ᄂᆞᆫ然이나今日取之면或恐未能이라이成德軍이自武俊以來로父子ㅣ相承四十餘年에人情이貫習ᄒᆞ야 貫古患反貫習謂習熟也 不以爲非ᄒᆞ며況承宗이已摠軍務ᄒᆞ니一日에易

**之**면 **恐未即奉詔**오 **又范陽魏博易定淄靑**이(范陽劉濟魏博田季安易定張茂昭淄青李師道) **以地**로 **相傳**ᄒᆞ야 **與成德**으로 **同體**ᄒᆞ니 **彼聞成德除人**ᄒᆞ면 **必內不自安**ᄒᆞ야 **陰相黨助**ㅣ니 **未可輕議也**ㅣ니이다

上이河北諸鎭이世로襲ᄒᆞᄂᆞᆫ弊를革ᄒᆞ고ᄌᆞᄒᆞ야王師眞이死ᄒᆞᆷ을乘ᄒᆞ야朝廷으로브터人을除ᄒᆞ고不從ᄒᆞᆫ則師를興ᄒᆞ야討코져ᄒᆞ거ᄂᆞᆯ裴垍ㅣ曰李納은跋扈ᄒᆞ야不恭ᄒᆞ고王武俊은功이國에有ᄒᆞᆫ지라陛下ㅣ前에師道를許ᄒᆞ셧스니今에承宗을奪ᄒᆞ면沮勸이理에違ᄒᆞ니彼가반다시服지아니ᄒᆞ리이다由是로議를久히ᄒᆞ되決치못ᄒᆞ야써諸學士에게問ᄒᆞ니李絳이對ᄒᆞ야曰河北은聲敎를不遵ᄒᆞ니誰가憤歎치아느리오마는然이나今日에取ᄒᆞ면或能치못ᄒᆞᆯ가恐ᄒᆞᆷ이라成德軍이武俊의來ᄒᆞᆷ으로부터父子ㅣ서로承ᄒᆞᆷ이四十餘年에人情이貫習ᄒᆞ야써非ᄒᆞ다아니ᄒᆞ거든하물며承宗이임의軍務를摠ᄒᆞ니一朝에易ᄒᆞ면곳詔를奉치못ᄒᆞᆯ가恐ᄒᆞ고또范陽魏博易定淄靑이地로써相傳ᄒᆞ야成德으로더부러體를同히ᄒᆞ니彼가成德이除人ᄒᆞᆷ을聞ᄒᆞ면반다시內로스ᄉᆞ로安치못ᄒᆞ야陰히서로黨助ᄒᆞᆯ지니可히輕히議치못ᄒᆞᆯ지니이다

**時**에 **吳少誠**이 **病甚**ᄒᆞ거ᄂᆞᆯ **李絳等**이 **上言**호ᄃᆡ **少誠**이 **病必不起**니 **淮西**

承宗十眞之子

吐突複姓宦官也

制將目言諸軍進退皆受制於承璀也

事體ㅣ 與河北으로 不同이라 四方이 皆國家州縣으로 不與賊鄰ᄒᆞ야 無黨援相助ᄒᆞ니 朝廷命帥ㅣ 今正其時라 萬一不從이면 可議征討니 願赦承宗ᄒᆞ야 以收鎭冀之心ᄒᆞ고 坐待機宜면 必獲申蔡之利리이다

出本傳

時에吳少誠이病이甚ᄒᆞ거ᄂᆞᆯ李絳等이言을上호ᄃᆡ少誠이病이반다시起치못ᄒᆞᆯ지니淮西事體ㅣ河北으로더부러갓지아니ᄒᆞᆫ지라四方이다國家州縣으로賊으로더부러隣치아니ᄒᆞ야黨援이셔로助ᄒᆞᆷ이無ᄒᆞ니朝廷命帥ㅣ今이正히其時라만일從치아니ᄒᆞ면可히征討ᄅᆞᆯ議ᄒᆞᆯ지니원컨ᄃᆡ承宗을赦ᄒᆞ야써鎭冀의心을收ᄒᆞ고안져셔機의宜ᄒᆞᆷ을待ᄒᆞ면반다시申蔡의利ᄅᆞᆯ獲ᄒᆞ리이다

冬十月에 制ᄒᆞ야 削奪王承宗官爵ᄒᆞ고 以左神策中尉吐突承璀로 爲招討處置等使ᄒᆞ다 翰林學士白居易ㅣ 上奏ᄒᆞ야 以爲國家征伐은 當責成將帥ㅣ어ᄂᆞᆯ 近歲에 始以中使로 爲監軍ᄒᆞ니 自古及今에 未有徵天下之兵ᄒᆞ야 專令中使로 統領者也ㅣ니다 今神策軍에 既不置行營節度使ᄒᆞ니 即承璀乃制將也오 又充諸軍招討

處置使ᄒᆞ니 即承璀乃制都統也라 陛下ㅣ忍令後代로 相傳ᄒᆞ야云
以中官으로 爲制將都統이 自陛下始乎잇가 己亥에 吐突承璀이 將
神策兵發長安ᄒᆞ야 命恒州四面藩鎭ᄒᆞ야 各進兵招討ᄒᆞ다 出居易傳及承璀傳

冬十月에制ᄒᆞ야王承宗의官爵을削奪ᄒᆞ고左神策中尉吐突承璀로써招討處璀等使를숨다翰林學士白居易이奏를上ᄒᆞ야써ᄒᆞ되國家征伐은맛당이將帥를責成ᄒᆞᆯ거시여ᄂᆞᆯ近歲에비로소中使로써監軍을ᄒᆞ니古로부터今에及ᄒᆞ미天下의兵을徵ᄒᆞ야오로지中使로ᄒᆞ야금統領ᄒᆞᄂᆞᆫ者ㅣ有치아니ᄒᆞ니이다今에神策軍에이미行營節度使를置치아니ᄒᆞ엿스니곳承璀ㅣ이예制將이오ᄯᅩ諸軍招討處置使를充ᄒᆞ니곳承璀ㅣ이에都統을制홈이라陛下ㅣ참아後代로ᄒᆞ야금서로傳ᄒᆞ야中官으로써制將都統을홈이陛下로부터始ᄒᆞ얏다云케ᄒᆞ시ᄂᆞ이가己亥에吐突承璀이神策을將ᄒᆞ고兵을長安에發ᄒᆞ야恒州四面藩鎭에命ᄒᆞ야各기兵을進ᄒᆞ야招討ᄒᆞ다

(庚寅)五年이라 是時에 每有軍國大事면 必與諸學士로 謀之ᄒᆞ되
嘗閱月不賜對ᄒᆞ여 李絳이 謂大臣은 持祿不敢諫ᄒᆞ고 小臣은 畏罪
不敢言이라 管仲이 以爲害霸ㅣ最甚ᄒᆞ니 今臣等이 飽食不言으로自

**爲計得矣어니와 如陛下에 何리잇고 有詔ᄒᆞ딕 明日에 對便殿ᄒᆞ라** 出李絳傳

五年니라是時에ᄆᆡ양軍國의大事가有ᄒᆞ면반다시諸學士로더부러謀ᄒᆞ딕인ᄌᆞ閣月토록賜對치안니ᄒᆞ거ᄂᆞᆯ李絳이일으되大臣은祿을持ᄒᆞ고敢히諫ᄒᆞ지못ᄒᆞ고小臣은罪을畏ᄒᆞ야敢히言을못ᄒᆞᄂᆞᆫ지라管仲이써害覇홈이最甚ᄒᆞ다ᄒᆞ니今臣等이飽히食ᄒᆞ고言을안니홈으로ᄉᆞᄉᆞ로計를得ᄒᆞ거니와陛下게엇지홀잇고詔有ᄒᆞ야明日에便殿에對ᄒᆞ라ᄒᆞ드라

**秋七月에 王承宗이 遣使ᄒᆞ야 自陳爲盧從史의 所離間ᄒᆞ니 乞輸貢賦ᄒᆞ고 請官吏ᄒᆞ야 許其自新ᄒᆞ소셔 李師道等이 數上表ᄒᆞ야 請雪承宗ᄒᆞ고 朝廷이 亦以師ㅣ 久無功으로 制洗雪承宗ᄒᆞ야 以爲成德軍節度使ᄒᆞ고 悉罷諸道行營將士ᄒᆞ다**

秋七月에王承宗이使를遣ᄒᆞ야ᄉᆞᄉᆞ로陳ᄒᆞ되盧從事의離間ᄒᆞᆫ바되엿ᄉᆞ니乞ᄒᆞ건딕貢賦를輸ᄒᆞ고官吏에請ᄒᆞ야그自新홈을許ᄒᆞ소셔李師道等이ᄌᆞ조表를上ᄒᆞ야承宗을雪홈을請ᄒᆞ고朝廷이또ᄒᆞᆫ써師가오ᄅᆡ功이無홈으로制ᄒᆞ야承宗을洗雪ᄒᆞ야써成德軍節度使를숨고다諸道行營將士를罷ᄒᆞ다

翰林學士李絳이嘗從容諫上聚財어늘上이曰今兩河數十州
ㅣ皆國家政令의所不及으로河湟數千里ㅣ淪於左衽ᄒᆞ니朕이日
夜에思雪祖宗之耻而財力이不贍(時焰反)故로不得不蓄財爾라
不然이면朕이宮中用度를極儉薄ᄒᆞ니多藏何用耶아

翰林學士李絳이일즉從容이上긔聚財홈을諫ᄒᆞ거늘上이曰今에兩河數十州ㅣ다
國家政令의及지못홀바로河隍數千里ㅣ左衽에淪ᄒᆞ니朕이日夜에祖宗의恥를雪
ᄒᆞ기思ᄒᆞ나財力이贍치못홀故로不得不財를蓄홀지라不然이면朕이宮中用度를
極히儉薄히ᄒᆞ니多藏ᄒᆞ야何에用ᄒᆞ리오

(辛卯)六年이라正月에以前淮南節度使李吉甫로爲中書侍
郎ᄒᆞ야同平章事ᄒᆞ다

六年이라正月에前淮南節度使李吉甫로써中書侍郎을숨어平章事를同케ᄒᆞ다

上이問宰相호ᄃᆡ以爲政寬猛에何先고權德輿ㅣ對曰秦은以慘
刻而亡ᄒᆞ고漢은以寬大而興이라太宗이觀明堂圖ᄒᆞ시고禁杖人背

十有三代秦兩漢魏晉宋齊梁陳北周北齊魏隋宿兵宿頓也猶言弛兵詳定省併八百八員諸色流外千七百餘人

ᄒᆞ신나是故로安史以來로屢有悖逆之臣이나皆旋踵而亡은由祖宗仁政이結於人心ᄒᆞ야人不能忘故也라然則寬猛之先後를可見矣니다上이善其言이러라

上이宰相더러問ᄒᆞ되써政을ᄒᆞᆷ이寬ᄒᆞ고猛ᄒᆞᆷ에무엇를先인고權德輿ㅣ對曰秦은慘刻으로써亡ᄒᆞ고漢은寬大로써興ᄒᆞᆫ지라太宗이明堂에圖를觀ᄒᆞ시고人背를杖ᄒᆞᆷ을禁ᄒᆞ시니是故로安史以來로悖逆臣이屢有ᄒᆞ나다踵을旋ᄒᆞ야亡ᄒᆞᆷ은祖宗이仁政으로人心을結ᄒᆞᆷ을由ᄒᆞ야人이能히忘치못ᄒᆞᄂᆞᆫ故라然則寬과猛의先後를可히見ᄒᆞᆯ지니이다上이其言을善히여기드라

本傳云德輿對曰唐家承隋苛虐以仁厚爲先故天寶大盜竊發俄而夷滅由本朝之化感人心深也

李吉甫ㅣ奏ᄒᆞ되自秦至隋ᄂᆞᆫ十有三代로되設官之多ㅣ無如國家者ㅣ라天寶以後로中原宿兵이見在可計者ㅣ八十餘萬이오其餘ᄂᆞᆫ爲商賈僧道ᄒᆞ야不服田畝者ㅣ什有五六이니是ᄂᆞᆫ常以三分勞筋苦骨之人으로奉七分坐待衣食之輩也라今內外官이以稅

錢으로 給俸者ㅣ不下萬員이요 天下三百餘縣에 或以一縣之地而爲州ᄒᆞ고 一鄕之民而爲縣者ㅣ甚衆ᄒᆞ니 請敕有司ᄒᆞ야 詳定廢置ᄒᆞ되 吏員可省者는 省之ᄒᆞ고 州縣可併者는 併之ᄒᆞ고 入仕之塗에 可減者는 減之ᄒᆞ소서 於是에 命段平仲韋貫之李絳ᄒᆞ야 同詳定ᄒᆞ다 出吉甫傳

李吉甫ㅣ奏ᄒᆞ되秦으로부터隋에至홈은十이오또三代로되設官의多홈이國家와如ᄒᆞᆫ者ㅣ無ᄒᆞᆫ지라天寶以後로中原宿兵이見在可計ᄒᆞᆯ者八十餘萬이오其餘ᄂᆞᆫ商賈僧道를ᄒᆞ야畝田에不服ᄒᆞᆫ者ㅣ什에五六이有ᄒᆞ니是ᄂᆞᆫ常히三分勞筋苦骨의人으로써七分坐待衣食ᄒᆞᄂᆞᆫ輩를奉홈이라今에內外官이稅錢으로써給俸ᄒᆞᄂᆞᆫ者ㅣ萬員에不下ᄒᆞ고天下三百餘縣에或一縣의地로써州를合고一鄕의民으로縣을ᄒᆞᄂᆞᆫ者ㅣ甚히衆ᄒᆞ니請컨되有司를敕ᄒᆞ야廢置홈으로詳定ᄒᆞ되吏員을可히省ᄒᆞᆯ者ᄂᆞᆫ省ᄒᆞ고州縣에可히併ᄒᆞᆯ者ᄂᆞᆫ併ᄒᆞ고入仕의塗에減ᄒᆞᆯ者ᄂᆞᆫ可히減ᄒᆞ소서於是에段平仲과韋貫之李絳을命ᄒᆞ야ᄒᆞᆫ가지詳定케ᄒᆞ다

以戶部侍郎李絳으로 爲中書侍郎ᄒᆞ야 同平章事ᄒᆞ다 李吉甫ㅣ爲相에 多修舊怨이라이 上이 頗知之故로 擢絳爲相ᄒᆞ니 吉甫는 善逢迎

鄜方註二州同年唐人謂同榜進士爲同年

上意而絳은 鯁直ᄒᆞ야 釋義鯁古杏反骨彊四支故君有忠臣謂之骨鯁鯁與骾同 數爭論於上前ᄒᆞ니 上이 多直絳而從其言이라 由是로 二人이 有隙이러라 出本傳

戶部侍郞李絳으로써中書侍郞을삼아平章事를同히ᄒᆞ다李吉甫ㅣ相이되미舊怨을多修ᄒᆞᆫ지라上이頗히知ᄒᆞᆫ고로絳을擢ᄒᆞ야相을삼으니吉甫ᄂᆞᆫ上意를善히逢迎ᄒᆞ되絳은鯁直ᄒᆞ야자조上의前에서爭論ᄒᆞ니上이만이絳을直히여겨其言을從ᄒᆞᄂᆞᆫ지라是로由ᄒᆞ야二人에隙이有ᄒᆞ더라

(壬辰)七年이라 京兆尹元義方이 媚事吐突承璀이어늘 李絳이 惡其爲人ᄒᆞ야 出爲鄜方觀察使ᄒᆞ니 義方이 入謝ᄒᆞ고 因言李絳이 私其同年으로 許季同이니다 上이 曰朕語李絳이 必不爾이라 明日에 上이 以詰絳曰人於同年이면 固有情乎아 對曰同年은 乃四海九州之人이 偶同科第ᄒᆞ야 登科而後에 相識ᄒᆞ니 情於何有리잇고 宰相은 職在量才授任이라 若其人이 果才면 雖在兄弟子姪之中이라도 猶當用之온 況同年乎잇가 避嫌而棄才ᄂᆞᆫ 是乃偏身이요 非徇公也ㅣ니이다 上

木無及目謂兵器如木無夕言不治兵也腥羶羶羊晚也

旰食旰日晚也

이日善타

七年이라京兆尹元義方이吐突承璀을媚事ᄒᆞ거ᄂᆞᆯ李絳이그爲人을惡ᄒᆞ야出ᄒᆞ야鄜方觀察使를삼으니義方이入ᄒᆞ야謝ᄒᆞ고因ᄒᆞ야言호ᄃᆡ李絳이그同年이된許季同를私로ᄒᆞ엿ᄂᆞ이다上이日朕이諳ᄒᆞ건ᄃᆡ李絳이반다시그러치아느리라明日에上이써絳을詰ᄒᆞ야日人이同年이면진실노情이有ᄒᆞ나對日同年은이에四海九州에人이偶연히科第를同히ᄒᆞ야科에登ᄒᆞᆫ後에셔로識ᄒᆞᆷ이니情이무어시有ᄒᆞ리오宰相은職이才를量ᄒᆞ야任을授ᄒᆞᆷ에在ᄒᆞᆫ지라마일其人이파연才면비록兄弟子姪의中에在ᄒᆞ드라도오히려當用ᄒᆞ겟곤하물며同年이리잇가嫌을避ᄒᆞ야才를棄ᄒᆞᆷ은이이에身을偏이오公을徇ᄒᆞᆷ니아이니다上이日善타

三月에上이御延英殿이러니李吉甫ㅣ言호ᄃᆡ天下ㅣ已太平ᄒᆞ니宜爲樂이니이다李絳이日漢文帝時에兵不血木無及ᄒᆞ고(猶言不治軍旅之事也)家給人足호ᄃᆡ賈誼ㅣ猶以爲厝火積薪之下ᄒᆞ야不可謂安이라ᄒᆞ니今法令所不能制者ㅣ河南北五十餘州라犬戎腥膻이近接ᄒᆞ고涇隴烽火ㅣ屢驚ᄒᆞ고加之水旱이時作ᄒᆞ야倉廩이空虛ᄒᆞ니此는正陛下宵衣

不信宰相註如崔祐甫崔贊陸贄李泌渾瑊等奸人如盧杞裴延齡及宦官竇文塲霍仙鳴等也理職專主也

旰食之時여ᄂᆞᆯ豈得謂之太平ᄒᆞ야遽爲樂哉아上이欣然曰正合朕意로다退謂左右曰吉甫ㅣ專爲悅媚나如李絳은眞宰相也로다

三月에上이延英殿에御ᄒᆞ엿더니李吉甫ㅣ言ᄒᆞ되天下ㅣ이미太平ᄒᆞ니맛당이樂을ᄒᆞᆯ지니이다李絳이曰漢文帝時에兵에血을안니ᄒᆞ고木에刃이無ᄒᆞ고家가給ᄒᆞ고人이足ᄒᆞ되賈誼ㅣ오리려써ᄒᆞ되火를積薪下에厝ᄒᆞ야可히安이라謂치못ᄒᆞᆫ다ᄒᆞ얏스니今에法令으로能히制ᄒᆞ지못ᄒᆞᆫ바者ㅣ河南北五十餘州라犬戎의腥羶이近接ᄒᆞ고涇隴에烽火가여러번驚ᄒᆞ고더水旱이ᄯᅢ로作ᄒᆞ야倉廩이空虛ᄒᆞ니此ㅣ正히陛下ㅣ宵衣旰食ᄒᆞᆯᄯᅢ여ᄂᆞᆯ엇지일으되太平이라ᄒᆞ야遽히樂을ᄒᆞ리오上이欣然曰正히朕의意에合ᄒᆞᆫ도다退ᄒᆞ야左右더러謂曰李吉甫ㅣ오로지媚悅ᄒᆞᆷ을ᄒᆞ나李絳과如ᄒᆞᆷ은참宰相이라ᄒᆞ드라

上이嘗問宰相ᄒᆞ되貞元中에政事ㅣ不理ㅣ何乃至此오李吉甫ㅣ對曰德宗이自任聖智ᄒᆞ야不信宰相而信他人ᄒᆞ시니是는使奸人으로得乘間弄威福이니政事不理ㅣ職此故也니이다上이曰然니나此亦未必皆德宗之過ㅣ니卿輩는宜用此爲戒ᄒᆞ야事有非是어든當力

陳不已ᄒᆞ고勿朕譴怒而遽止也ᄒᆞ다 出本傳

上이일즉宰相더러問ᄒᆞᄃᆡ貞元中에政事ㅣ理치못ᄒᆞᆷ이읏지ᄒᆞ야이에此에至ᄒᆞ뇨李吉甫ㅣ對曰德宗이스ᄉᆞ로聖智를任ᄒᆞ야宰相을不信ᄒᆞ고他人을信ᄒᆞ시니이는奸人으로ᄒᆞ야금間을乘ᄒᆞ야威福을弄케ᄒᆞᆷ이니政事ㅣ理치못ᄒᆞᆷ이젼혀此의故니이다上이曰然ᄒᆞ나이거시또ᄒᆞᆫ반다시德宗의過가아니니卿輩은맛당이此를用ᄒᆞ야戒를ᄒᆞ야事에是가안임이잇거든맛당이力으로陳ᄒᆞᆷ을근치말고朕의譴怒를畏ᄒᆞ야금히止치말라

李吉甫ㅣ嘗言人臣은不當彊諫ᄒᆞ야使君悅臣安이不亦美乎아

李絳이曰人臣은當犯顔苦口ᄒᆞ야指陳得失이니若陷君於惡이면

豈得爲忠이리오上이曰絳言이是也로다

李吉甫ㅣ일직言ᄒᆞᄃᆡ人臣은맛당히彊諫치마러셔君으로ᄒᆞ여곰悅ᄒᆞ고臣으로安ᄒᆞᆷ이또ᄒᆞᆫ美치안으냐李絳이曰人臣은맛당이顔을犯ᄒᆞ야口을苦히ᄒᆞ야得失을指陳ᄒᆞᆯ지니만일君을惡에陷ᄒᆞ면읏지시러금忠이라허리요上이曰絳의言이是로다

李吉甫ㅣ又嘗言於上曰賞罰은人主之二柄이라不可偏廢ㅣ니

陛下ㅣ踐阼以來로惠澤이深矣而威刑이未振ᄒᆞ야中外ㅣ懈惰ᄒᆞ니

(懈音界怠也惰徒臥反不恭也) 願加嚴以振之ᄒᆞ소서 上이 顧李絳曰何如오 對曰王者
之政은 尙德이오 不尙刑이니、豈可捨成康文景而效秦始皇父
子乎잇가 上이 曰然ᄒᆞ다 (出本傳)

李吉甫ㅣ또일즉上의게言ᄒᆞ야曰賞과罰은人主의二柄이라可히偏廢치못ᄒᆞᆯ거시
여ᄂᆞᆯ陛下ㅣ踐阼ᄒᆞ샤신써옴으로惠澤이깁흐시되威刑이振치못ᄒᆞ야中外가懈惰ᄒᆞ
니원컨ᄃᆡ더嚴으로써振ᄒᆞ소서上이李絳을顧ᄒᆞ고曰엇더ᄒᆞᆫ고對ᄒᆞ야曰王者의政
은德을尙ᄒᆞ고刑은尙ᄒᆞ지안ᄂᆞ니엇지可히成康文景을捨ᄒᆞ고秦始皇父子을效ᄒᆞ
리잇가上이曰然ᄒᆞ다

上이 嘗與宰相으로 論治道於延英殿ᄒᆞᆯ새 日旰(旰古旦反晩也)暑甚ᄒᆞ야 汗透御
服이어ᄂᆞᆯ 宰相이 恐上體ㅣ倦ᄒᆞ실가ᄒᆞ야 求退ᄒᆞᆫᄃᆡ 上이 留之曰朕이 入宮中이면
所與處者ㅣ 獨宮人宦官耳라 故로 樂與卿等으로 且共談爲理
之要ᄒᆞ노니 殊不知倦也로라

上이일즉宰相으로더부러治道을延英殿에서論ᄒᆞᆯ식日이旰ᄒᆞ야暑가甚ᄒᆞ야汗이
御服에透ᄒᆞ엿거ᄂᆞᆯ宰相이上體가倦ᄒᆞᆯ가恐ᄒᆞ야退ᄒᆞ기를求ᄒᆞᆫᄃᆡ上이留ᄒᆞ야曰朕

田孝安田緒子也

屠肆屠殺也旣刑而陳曰肆家僮將士則也副大使河北三鎭相承各置副大使以諸長爲之父沒則代領軍務

이宮中에入ᄒᆞ면與ᄒᆞ야處ᄒᆞᄂᆞᆫ바者ᄂᆞᆫ훌노宮人과宦官이라故로卿等으로더부러
또共히理ᄒᆞᄂᆞᆫ要을談홈을樂ᄒᆞ노니자못倦홈을知치못ᄒᆞ겟노라

八月에魏博節度使田季安이薨ᄒᆞ니諸將이立其子懷諫ᄒᆞ야爲副使ᄒᆞ여ᄂᆞᆯ上이與宰相으로議魏博事ᄒᆞᆯ서李吉甫ㅣ請興兵討之ᄒᆞ여ᄂᆞᆯ李絳이以爲魏博은不必用兵이라當自歸朝廷이라今懷諫이乳臭子로(乳蕊主反臭尺救反言其穉孺猶餘乳哺臭氣)不能自聽斷ᄒᆞ니軍府大權이必有所歸ᄒᆞ니田氏ㅣ不爲屠肆則悉爲俘囚矣리다旣而요懷諫이幼弱ᄒᆞ야軍政을皆決於家僮ᄒᆞ니衆皆憤怒러라田興이晨入府ᄒᆞ니士卒數千人이大譟環興四拜ᄒᆞ고請爲留後ᄒᆞ여ᄂᆞᆯ興이度不免ᄒᆞ고乃謂衆曰汝ㅣ肯聽吾言乎아皆曰惟命이라興이曰勿犯副大使ᄒᆞ고守朝廷法令ᄒᆞ야申版籍ᄒᆞ야(申請也版籍所以書戶口輿地)請官吏然後에可니라皆曰諾다興이乃遷懷諫於外ᄒᆞ고

八月에魏博節度使田季安이薨ᄒᆞ니諸將이其子懷諫을立ᄒᆞ야副使를숨거ᄂᆞᆯ上이宰相으로더부러魏博事를議ᄒᆞᆯ시李吉甫ㅣ兵을興ᄒᆞ야討허기를請허거ᄂᆞᆯ李絳이

敕使唐時以中使爲敕使

써ᄒᆞ되魏博은반다시用兵ᄒᆞᆯ거시아니라도맛당히朝廷으로自歸ᄒᆞᆯ거시라今에懷諫이乳臭의子로能히스ᄉᆞ로聽斷치못ᄒᆞᆯ지니軍府大權이반다시歸ᄒᆞᄂᆞᆫ바ㅣ有ᄒᆞᆯ지니田氏가屠肆치아니ᄒᆞᆫ즉다俘囚가되리다旣而요懷諫이幼弱ᄒᆞ야軍政을다家僮의게决ᄒᆞ니衆이다憤ᄒᆞ고怒ᄒᆞ드라田興이晨에府에入ᄒᆞ니士卒數千人이大譟ᄒᆞ고興을環ᄒᆞ고四拜ᄒᆞ고留後ᄒᆞᆷ을請ᄒᆞ거ᄂᆞᆯ興이免치못ᄒᆞᆯ줄度ᄒᆞ고이에衆더러謂曰汝ㅣ吾言을肯聽ᄒᆞ겟ᄂᆞ냐다ᄀᆞᆯ오ᄃᆡ욱즉命ᄃᆡ로ᄒᆞ리이다興이曰副大使를犯치말고朝廷法令을守ᄒᆞ야版籍에申ᄒᆞ야官吏를請ᄒᆞᆫ然後에可ᄒᆞ니라皆曰諾다興이이에懷諫을外로遷ᄒᆞ고

十月에魏博監軍이以狀으로聞이여ᄂᆞᆯ上이亟召宰相ᄒᆞ야謂李絳曰卿이揣魏博이若符契로라(揣楚委反摩也 符契者兩相合)李吉甫ㅣ請遣中使宣慰ᄒᆞ야以觀其變이라ᄒᆞᆫᄃᆡ李絳이曰不可ᄒᆞ다今田興이奉其土地兵衆ᄒᆞ고坐待詔命ᄒᆞ니不乘此際ᄒᆞ야推心撫納ᄒᆞ야結以大恩ᄒᆞ고必待敕使至에彼ᄒᆞ야持將士表來ᄒᆞ야爲請節鉞(節子結反長一尺二寸凡爲使者持之秦漢以下改爲旌幢之形鉞于厥反大斧也節鉞必上賜之者示征伐自天子出也)然後에與之則是ᄂᆞᆫ恩出於下요非出於上이니將士ㅣ爲重ᄒᆞ고

朝廷이爲輕이라機會ㅣ一失ᄒᆞ면悔之無及이니이다上이從之ᄒᆞ야以興으로爲魏博節度使ᄒᆞ다制命이至魏州ᄒᆞ니興이感恩流涕ᄒᆞ고士衆이無不鼓舞러라

十月에魏博監軍이狀으로써聞ᄒᆞ거ᄂᆞᆯ上이宰相을亟召ᄒᆞ야李絳더러謂ᄒᆞ야曰卿이魏博을惴홈이符契와갓도다李吉甫ㅣ請ᄒᆞ되中使를보니셔宣慰ᄒᆞ야써그變을觀ᄒᆞ라ᄒᆞᆫ딕李絳이曰可치안타今에田興이그土地와兵衆을奉ᄒᆞ고坐ᄒᆞ야詔命을待ᄒᆞ니此際를乘ᄒᆞ야心을推ᄒᆞ고撫納ᄒᆞ야大恩으로써結치안코반다시敕使ㅣ彼의至ᄒᆞ야將士의表를持來ᄒᆞ야節鉞을請홈을待ᄒᆞᆫ然後에與ᄒᆞᆫ즉是ᄂᆞᆫ恩이下에出ᄒᆞ고上에出홈이아니니將士ㅣ重ᄒᆞ고朝廷이輕홈이라機會ㅣ一失ᄒᆞ면悔홈을及지못ᄒᆞ리이다上이從ᄒᆞ야興으로써魏博節度使를삼다制命이魏州에至ᄒᆞ니興이恩을感ᄒᆞ야涕를流ᄒᆞ고士衆이鼓舞치안는이가無ᄒᆞ더라

李絳이又言ᄒᆞ되魏博이五十餘年을不霑皇化ㅣ러니一朝에擧六州之地ᄒᆞ고來歸ᄒᆞ야刳河朔之腹心ᄒᆞ고(刳空胡反剖也)傾叛亂之巢穴ᄒᆞ니不有重賞ᄒᆞ야過其所望則無以慰士卒之心이요使四鄰으로勸慕ㅣ니請發內

此比去聲頻也列也又平聲相次也

庫錢百五十萬緡ᄒᆞ야 以賜之ᄒᆞ소셔 左右宦官이 以爲所與ㅣ太多ᄒᆞ니 後有此比면 將何以給之리잇고 上이 以語絳ᄒᆞᆫ대 絳이 曰田興이 不貪土地之利ᄒᆞ고 不顧四隣之患ᄒᆞ고 歸命聖朝ᄒᆞ여늘 陛下ㅣ奈何로 愛小費而遺大計ᄒᆞ야 不以收一道人心이니잇고 錢은 用盡更來어니와 機은 一失이면 不可復追라 借使國家ㅣ發十五萬兵ᄒᆞ야 以取六州에 期年而克之면 其費ㅣ豈止百五十萬緡而已乎잇가 上이 悅曰朕이 所以惡衣菲食ᄒᆞ야 蓄聚貨財ᄂᆞᆫ 正欲爲平定四方이니 不然이면 徒貯之府庫ᄒᆞ야 何爲리요

李絳이 ᄯᅩ言ᄒᆞᆫ되 魏博이 五十餘年을 皇化에 霑치못ᄒᆞ엿더니 一朝에 六州의 地를 擧ᄒᆞ고 來歸ᄒᆞ야 河朔의 腹心을 剸ᄒᆞ고 叛亂의 巢穴을 傾ᄒᆞ니 重賞이 有ᄒᆞ야 그 所望에 過ᄒᆞ지아니ᄒᆞᆫ즉 써 士卒의 心을 慰ᄒᆞ고 四鄰으로ᄒᆞ야금 勸ᄒᆞ야 慕게ᄒᆞᆷ이 아니니 請컨되 內庫錢百五十萬緡을 發ᄒᆞ야 써 賜ᄒᆞ소셔 左右宦官이 써ᄒᆞ되 與ᄒᆞᄂᆞᆫ바ㅣ太多ᄒᆞ니 後에 此에 比ᄒᆞᆷ니 有ᄒᆞ면 장ᄎᆞᆺ 엇지 써 給ᄒᆞ리잇고 上이 써 絳의게 言ᄒᆞᆫ되 絳이 曰 田興이 土地의 利를 貪ᄒᆞ지안니ᄒᆞ고 四鄰의 患을 顧ᄒᆞ지안니ᄒᆞ고 聖朝에 歸命ᄒᆞ엿

거늘陛下ㅣ옷지ᄒᆞ야小費를愛ᄒᆞ시고大計을遺ᄒᆞ야써一道에人心을收ᄒᆞ지안니ᄒᆞ시ᄂᆞ잇고錢은用홈이盡ᄒᆞ면更히來ᄒᆞ거니와機은ᄒᆞᆫ번失ᄒᆞ면可히다시追ᄒᆞ지못ᄒᆞ리이다借使國家ㅣ十五萬兵을發ᄒᆞ야써六州를取홈에期年에克ᄒᆞ면그費가옷지百五十萬緡에止ᄒᆞᆯ짜음이잇고上이悅ᄒᆞ야曰朕이惡衣ᄒᆞ고菲食ᄒᆞ야貨財을畜聚ᄒᆞᆫ바ᄂᆞᆫ正히四方을平定ᄒᆞ고ᄌᆞ홈이니그러치아니면ᄒᆞᆫ갓府庫에貯ᄒᆞ야何에爲ᄒᆞ리요

成德王承宗兗鄆李師道即淄靑平盧軍

十一月에遣知制誥裴度ᄒᆞ야至魏博宣慰ᄒᆞ고以錢百五十萬緡으로賞軍士ᄒᆞ고六州百姓을給復一年ᄒᆞ니軍士ㅣ受賜ᄒᆞ고歡聲이如雷러라成德兗渾使者數輩ㅣ見之ᄒᆞ고相顧失色ᄒᆞ야歎曰倔彊者ㅣ果何益乎아 (釋義倔其勿反倔彊者彊梁梗戾不柔服也) 度ㅣ爲興ᄒᆞ야陳君臣上下之義ᄒᆞ니興이聽之ᄒᆞ고終夕不倦ᄒᆞ야待度에禮ㅣ極厚러라 (出絳等傳)

十一月에知制誥裴度를遣ᄒᆞ야魏博에일르러宣慰ᄒᆞ고錢百五十萬緡으로써軍士를賞ᄒᆞ고六州百姓을一年復을給ᄒᆞ니軍士ㅣ賜를受ᄒᆞ고歡聲이雷와갓더라成德兗鄆使者數輩ㅣ見ᄒᆞ고서로顧ᄒᆞ고色을失ᄒᆞ야歎曰倔彊ᄒᆞᆫ者ㅣ과연何가益ᄒᆞ랴度ㅣ興을爲ᄒᆞ야君臣上下의義를陳ᄒᆞ니興이聽ᄒᆞ고夕을終토록倦치안니ᄒᆞ야度

延英殿名

믈待홈에禮가極厚ᄒᆞ드라

上이嘗於延英에謂宰相曰卿輩ᄂᆞᆫ當爲朕惜官ᄒᆞ야勿用之私親故ᄒᆞ라李吉甫와權德輿ㅣ皆謝不敢이어ᄂᆞᆯ李絳이曰崔祐甫ㅣ有言호ᄃᆡ非親非故면不諳其才라ᄒᆞ니 釋義諳烏含反悉之也 諳者도尙不與官이온不諳者을何敢復與리요但問其才器ㅣ與官으로相稱否耳니 若避親故之嫌ᄒᆞ야使聖朝로虧多士之美면此ㅣ乃偸安之臣이오非至公之道也라苟所用이非其人則朝廷이自有典刑ᄒᆞ니誰敢逃之잇고上이曰正如卿言이로다 出本傳

上이일즉延英에셔宰相더려謂ᄒᆞ야曰卿輩ᄂᆞᆫ맛당이朕을爲ᄒᆞ야官을惜ᄒᆞ야私로親故를用ᄒᆞ지말라李吉甫와權德輿ㅣ다不敢홈으로謝ᄒᆞ거ᄂᆞᆯ李絳이曰崔祐甫ㅣ言이有호ᄃᆡ親이아니고故가아니면그才를諳치못혼다ᄒᆞ니諳ᄒᆞᆫ者도오히려官을與ᄒᆞ지안키든諳치못ᄒᆞᄂᆞᆫ者를읏지敢히다시與ᄒᆞ오리요다만그才器ㅣ官으로더부러相히稱否ᄒᆞᆷ을問홀지니만일親故의嫌을避ᄒᆞ야聖朝로ᄒᆞ야금多士의美를虧ᄒᆞ면此ᄂᆞᆫ이에安을偸ᄒᆞᄂᆞᆫ臣이요至公의道ㅣ아니라진실로用ᄒᆞᄂᆞᆫ바가其人이

아닌즉朝廷에스ᄉᆞ로典刑이有ᄒᆞ니누가敢히逃ᄒᆞ리잇고上이曰正히卿言과如ᄒᆞ도다

(癸巳)八年이라賜魏博節度使田興名弘正ᄒᆞ다

八年이라魏博節度使田興을名弘正을賜ᄒᆞ다

上이問宰相호ᄃᆡ人言外間에朋黨이大盛이라ᄒᆞ니何也오李絳이對曰自古로人君所甚惡者ᄂᆞᆫ莫若人臣爲朋黨故로小人이譖君子者ᄅᆞᆯ必曰朋黨이라ᄒᆞ니何則고朋黨을言之則可惡이요尋之則無跡故也라東漢之末에凡天下賢人君子ᄅᆞᆯ宦官이皆謂之黨人而禁錮之ᄒᆞ야遂以亡國ᄒᆞ니此皆羣小ㅣ欲害善人之言이니願陛下ᄂᆞᆫ深察之ᄒᆞ소서夫君子ᄂᆞᆫ與君子로合이니豈可必使之與小人으로合然後에謂之非黨耶잇가 (出本傳)

上이宰相더러問ᄒᆞᄃᆡ人이言ᄒᆞᄃᆡ外間에朋黨이大盛ᄒᆞᆫ다ᄒᆞ니何이뇨李絳이對ᄒᆞ야曰自古로人君이甚히미워ᄒᆞᄂᆞᆫ밧者ᄂᆞᆫ人臣이朋黨ᄒᆞᄂᆞᆫ거와갓ᄐᆞ미업ᄂᆞᆫ故로小人이君子를譖ᄒᆞᆷ을반다시曰朋黨이라何則고朋黨을言ᄒᆞᆫ則可惡오尋ᄒᆞᆫ則跡이無

ᄒᆞᆫ故라東漢의末에무릇天下賢人君子를宦官이다黨人이라謂ᄒᆞ야禁錮ᄒᆞ야드듸여써國을亡ᄒᆞ엿스니이는다羣小가善人을害ᄒᆞ고ᄌᆞᄒᆞᄂᆞᆫ言이니願컨ᄃᆡ陛下는갑히察ᄒᆞ소셔무릇君子는君子로더부러合ᄒᆞᄂᆞ니웃지可히반다시ᄒᆞ야곰小人으로더부러合ᄒᆞᆫ然後에非黨이라謂ᄒᆞ리잇가

(甲午)九年이라春에李絳이屢以足疾로辭位어ᄂᆞᆯ罷爲禮部尙書ᄒᆞ다

九年이라春에李絳이屢히足疾로써位을辭ᄒᆞ거ᄂᆞᆯ罷ᄒᆞ야禮部尙書를숨다

閏月에彰義節度使吳少陽이薨ᄒᆞ니其子元濟ㅣ匿喪ᄒᆞ고自領軍務ᄒᆞ다十一月에以李光顏으로爲節度使ᄒᆞ고嚴綬로爲申光蔡招撫使ᄒᆞ야督諸道兵ᄒᆞ고招討吳元濟ᄒᆞ다 出元濟傳

閏月에彰義節度使吳少陽이薨ᄒᆞ니其子元濟ㅣ喪을匿ᄒᆞ고스ᄉᆞ로軍務를領ᄒᆞ다十一月에李光顏으로써節度使를숨고嚴綬로申光蔡招撫使를숨여諸道兵을督ᄒᆞ고吳元濟를招討ᄒᆞ다

(乙未)十年이라以永州司馬柳宗元으로爲柳州刺史ᄒᆞ다宗元이善爲文이라嘗作梓人傳ᄒᆞ야以爲梓人이不執斧斤刀鋸之技ᄒᆞ고專

梓人木工也

尋引入尺爲尋

听々當與斷通漢書洙泗之間斷々如也又听辨爭貌槖駝傳以喩守令也

天全天便是性

以尋引規矩繩墨으로度羣木之材ᄒᆞ고規棟宇之制ᄒᆞ야相高深圓方短長之宜ᄒᆞ야指麾衆工ᄒᆞ야各趨其事호ᄃᆡ不勝任者ᄂᆞᆫ退之ᄒᆞ야大廈ㅣ既成則獨名其功ᄒᆞ고受祿三品ᄒᆞ니亦猶相天下者ㅣ立紀綱整法度ᄒᆞ고擇天下之士ᄒᆞ야使稱其職ᄒᆞ고居天下之人ᄒᆞ야使安其業호ᄃᆡ能者ᄅᆞᆯ進之ᄒᆞ고不能者ᄅᆞᆯ退之ᄒᆞ야萬國이既理而談者ㅣ獨稱伊傳周召ᄒᆞ고其百執事之勤勞ᄂᆞᆫ不得紀焉이라其不知體要者ᄂᆞᆫ反此ᄒᆞ야衒能矜名ᄒᆞ고親小勞侵衆官ᄒᆞ야听听於府庭(听魚隱反笑貌漢書亡是翁听然笑)而遺其大者遠者ᄒᆞᄂᆞ니是ᄂᆞᆫ不知相道者也라又作種樹郭橐駝傳ᄒᆞ니曰橐駝之所種이無不生且茂者ㅣ어ᄂᆞᆯ或이問之ᄒᆞᆫᄃᆡ對曰橐駝ㅣ非能使木으로壽且孳也라凡木之性은其根이欲舒ᄒᆞ고其土ㅣ欲故라既植之에勿動勿慮ᄒᆞ야去不復顧ᄒᆞ고其蒔也에若子ᄒᆞ고其置也에若棄則其天全而性得矣어니와他植者ᄂᆞᆫ不然ᄒᆞ야根拳

輟饔飧輟止也止自己所食而供之也一作具饔割烹煎和之稱飧音遜熟食也

土易ᄒᆞ야 愛之太恩ᄒᆞ고 憂之太勤ᄒᆞ야 旦視而暮撫ᄒᆞ고 已去而復顧ᄒᆞ고 甚者ᄂᆞᆫ 爪其膚ᄒᆞ야 以驗其生枯ᄒᆞ고 搖其本ᄒᆞ야 以觀其踈密ᄒᆞ니 而木之性이 日以離矣라 雖曰愛之나 其實은 害之오 雖曰憂之나 其實은 讎之라 故로 不我若也라 爲政이 亦然ᄒᆞ니 吾ㅣ 居鄕에 見長人者ㅣ 好煩其令ᄒᆞ야 若甚憐焉而卒以禍之라 旦暮吏來ᄒᆞ야 聚民而令之ᄒᆞ고 促其耕穫ᄒᆞ고 督其蠶織ᄒᆞ니 吾小人이 輟饔飧ᄒᆞ야 以勞吏之不暇여던 又何以蕃吾生而安吾性耶리오 凡病且怠ㅣ 職此故也ᄒᆞ니라 此ᄂᆞᆫ 其文之有理者也러라 出柳文

十年이라 永州司馬柳宗元으로써 柳州刺史를ᄉᆞᆷ다 宗元이 善히 文을ᄒᆞᄂᆞᆫ지라 일죽 梓人傳을 作ᄒᆞ야 써ᄒᆞ되 梓人이 斧斤刀鋸에 技를 執ᄒᆞ지 아니ᄒᆞ고 오로지 尋引規矩繩墨으로써 羣木의 材를 度ᄒᆞ고 棟宇의 制를 規ᄒᆞ야 高深圓方短長의 宜를 相ᄒᆞ야 衆工을 指麾ᄒᆞ야 各기 其事에 趍호ᄃᆡ 任홈을 勝치 못ᄒᆞᄂᆞᆫ 者ᄂᆞᆫ 退ᄒᆞ야 大廈ㅣ 이미 成ᄒᆞᆫ즉 홀노 其功을 名ᄒᆞ고 祿三品을 受ᄒᆞ니 또ᄒᆞᆫ 天下를 相ᄒᆞᄂᆞᆫ 者ㅣ 紀綱을 立ᄒᆞ고 法度를 整ᄒᆞ고 天下의 士를 擇ᄒᆞ야 ᄒᆞ야금 其職을 稱ᄒᆞ고 天下의 人을 居ᄒᆞ야 ᄒᆞ야금 其業을 安호ᄃᆡ 能者를 進ᄒᆞ고 能치 못ᄒᆞᆫ 者를 退ᄒᆞ야 萬國이 이미 理ᄒᆞ미 談者ㅣ 홀노 伊

傳周召라稱ᄒᆞ고그百執事의勤勞를시러금紀ᄒᆞ지아니홈과갓ᄒᆞᆫ지라그體要를知
치못ᄒᆞᄂᆞᆫ者ᄂᆞᆫ此와反ᄒᆞ야能을衒ᄒᆞ고名을矜ᄒᆞ고小勞를親ᄒᆞ고衆官을侵ᄒᆞ야府
庭에셔听听호ᄃᆡ그大者遠者을遺ᄒᆞᄂᆞ니是ᄂᆞᆫ相道를知치못ᄒᆞᄂᆞᆫ者라또種樹郭橐
駝傳을作ᄒᆞ니曰橐駝의種ᄒᆞᄂᆞᆫ바이生ᄒᆞ고또ᄒᆞᆫ茂치안ᄂᆞᆫ者ㅣ無ᄒᆞ거ᄂᆞᆯ或이問ᄒᆞᆫ
ᄃᆡ對ᄒᆞ야曰橐駝ㅣ能히木으로ᄒᆞ야곰壽ᄒᆞ고또ᄒᆞᆫ孶게홈이아니라무릇木의性은
그根이舒ᄒᆞ고ᄌᆞᄒᆞ고그土ㅣ故을ᄒᆞ고져ᄒᆞᄂᆞᆫ지라이미植홈에動치말고慮치말어
去홈에다시顧치말고그蒔홈에그子을置홈갓치ᄒᆞ고만일棄ᄒᆞᆫ즉그天이全ᄒᆞ야性
이得ᄒᆞ거니와他植者ᄂᆞᆫ不然ᄒᆞ야根이拳ᄒᆞ고士ㅣ易ᄒᆞ야愛ᄒᆞ기를너머恩히ᄒᆞ고
憂ᄒᆞ기를너머勤ᄒᆞ야旦에視ᄒᆞ고暮에撫ᄒᆞ고이미去ᄒᆞ고다시顧ᄒᆞ고甚ᄒᆞᆫ者ᄂᆞᆫ그
膚에爪ᄒᆞ야써그生ᄒᆞ고枯홈을驗ᄒᆞ고其本을搖ᄒᆞ야써그疎密홈을觀ᄒᆞ니木의性
이日로써離ᄒᆞᄂᆞᆫ지라비록ᄀᆞᆯ오ᄃᆡ愛라ᄒᆞ나그實은害ᄒᆞ고비록ᄀᆞᆯ오ᄃᆡ憂라ᄒᆞᄂᆞ그
實은讎라故로我만갓지못ᄒᆞ니라爲政이또ᄒᆞᆫ그러ᄒᆞ니吾ㅣ居鄕에見ᄒᆞ니長人者
ㅣ그令을煩홈을好ᄒᆞ야심히憐홈과갓ᄒᆞ나卒에ᄂᆞᆫ써禍ᄒᆞᆫ지라旦와暮에吏가來ᄒᆞ
야民을聚ᄒᆞ야令ᄒᆞ고그耕穫을促ᄒᆞ고그蠶織을督ᄒᆞ니吾小人이饔飧을輟ᄒᆞ야써
勞吏홈을暇치못ᄒᆞ거든또엇지써吾生를蕃ᄒᆞ며吾性을安케ᄒᆞ리오무릇病과또ᄒᆞᆫ
息ㅣ젼혀此故이라ᄒᆞ니此ᄂᆞᆫ그文의有理ᄒᆞᆫ者러라

**吳元濟ㅣ遣使求救於恒鄆**이어늘**王承宗李師道ㅣ數上表**ᄒᆞ야**請** 恒鄆恒承宗鄆師道也

赦元濟ᄒᆞᆫ대上이不從ᄒᆞ다是時에諸軍이討淮西ᄒᆞ야久未有功이어ᄂᆞᆯ上이
遣中丞裴度ᄒᆞ야詣行營宣慰ᄒᆞ고察用兵形勢ᄒᆞ니度ㅣ還言淮西
必可取之狀ᄒᆞ고且曰觀諸將에李光顔이勇而知義ᄒᆞ니必能立
功이리이다上이悅ᄒᆞ다
吳元濟ㅣ使ᄅᆞᆯ遣ᄒᆞ야赦ᄅᆞᆯ恒鄆에求ᄒᆞ거ᄂᆞᆯ王承宗李師道ㅣ자조表ᄅᆞᆯ上ᄒᆞ야元濟
ᄅᆞᆯ赦ᄒᆞ기請ᄒᆞᄃᆡ上이從치안타이ᄯᅢ예諸軍이淮西ᄅᆞᆯ討ᄒᆞ야오ᄅᆡ功이有치못ᄒᆞ거
ᄂᆞᆯ上이中丞裴度ᄅᆞᆯ遣ᄒᆞ야行營에詣ᄒᆞ야宣慰ᄒᆞ고用兵ᄒᆞᄂᆞᆫ形勢ᄅᆞᆯ察ᄒᆞ게ᄒᆞ니度
ㅣ還ᄒᆞ야淮西ᄅᆞᆯ바다시可取ᄒᆞᆯ狀을言ᄒᆞ고ᄯᅩ曰諸將을觀ᄒᆞ미李光顔이勇ᄒᆞ고義
ᄅᆞᆯ知ᄒᆞ니반다시能히功을立ᄒᆞ리이다上이悅ᄒᆞ다
考功郎中知制誥韓愈ㅣ上言ᄒᆞ야以爲淮西三小州ㅣ殘弊困
劇之餘에而當天下之全力ᄒᆞ니其破敗ᄅᆞᆯ可立而待나然이나所未
可知者ᄂᆞᆫ在陛下斷與不斷爾니이다李光顔이奏敗淮西兵於
時曲ᄒᆞ니上이以裴度로爲知人이라ᄒᆞ더라 出兪反 度傳
考功郎中知制誥韓愈ㅣ言을上ᄒᆞ야써ᄒᆞᄃᆡ淮西三小州ㅣ殘弊ᄒᆞ고困劇ᄒᆞᆫ餘에天

下의全力을當ᄒᆞ니그破敗를可히立ᄒᆞ야待ᄒᆞ겟ᄉᆞ나그러ᄒᆞᆫ可히知치못ᄒᆞᆯ바者ᄂᆞᆫ陛下의斷ᄒᆞ고다못斷ᄒᆞ지못ᄒᆞᆷ에在ᄒᆞ니다李光顔이淮西兵을時曲에서敗ᄒᆞᆷ을奏ᄒᆞ니上이裵度로ᄡᅥ人을知ᄒᆞᆫ다ᄒᆞ드라

上이自李吉甫ㅣ薨으로悉以用兵事로委武元衡ᄒᆞ다 李師道所養客이說師道曰天子ㅣ所以銳意로誅蔡者ᄂᆞᆫ元衡이 贊之也니請密往刺之ᄒᆞ소서元衡이死則他相은不敢主其謀ᄒᆞ야爭勸天子罷兵矣리다師道以爲然ᄒᆞ야資給遣之러니六月癸卯天未明에元衡이入朝ᄒᆞᆯ서出所居靖安坊ᄒᆞ니러東門에有賊ᄒᆞ야自暗中殺之ᄒᆞ고取其顱骨而去ᄒᆞ고(顱龍都反首骨) 又入通化坊ᄒᆞ야擊裴度傷其首ᄒᆞ니度ㅣ氈帽ㅣ厚ᄒᆞ야得不死라京城이大駭ᄒᆞ여늘於是에詔宰相出入에加金吾騎士ᄒᆞ다(出元衡傳)

上이李吉甫ㅣ薨ᄒᆞᆷ으로붓터다用兵ᄒᆞᄂᆞᆫ事로ᄡᅥ武元衡에게委ᄒᆞ다李師道所養客이師道를說ᄒᆞ야曰天子ㅣ銳意로ᄡᅥ蔡를誅ᄒᆞᆫ바者ᄂᆞᆫ元衡이贊ᄒᆞᆷ이니請컨ᄃᆡ가마니가셔刺ᄒᆞ소서元衡이死ᄒᆞᆫ則他相은敢히其謀를主ᄒᆞ지못ᄒᆞ야다토어天子를勸

ᄒᆞ야兵을罷ᄒᆞ리이다師道ㅣ써그러히여여資給ᄒᆞ야遣ᄒᆞ엿더니六月癸卯天未明에元衡이入朝ᄒᆞᆯᄉᆡ所居靖安坊을出ᄒᆞ더니東門에賊이有ᄒᆞ야暗中으로브터殺ᄒᆞ고그顱骨을取ᄒᆞ야去ᄒᆞ고또通化坊에入ᄒᆞ야裴度를擊ᄒᆞ야其首를傷ᄒᆞ니度ㅣ氈帽ㅣ厚ᄒᆞ야시러금死ᄒᆞ자안이ᄒᆞᆫ지라京城이크게駭ᄒᆞ거늘於是에詔ᄒᆞ야宰相出入에金吾騎士를加케ᄒᆞ다

或이請罷度官ᄒᆞ야以安恒鄆之心ᄒᆞᆫ디上이怒曰若罷度官이면是ᄂᆞᆫ奸謀得成이朝廷이無復綱紀라吾用度一人이면足破二賊이라ᄒᆞ고乙丑에以度로爲中書侍郎同平章事ᄒᆞ니度ㅣ上言ᄒᆞᆫ디淮西ᄂᆞᆫ腹心之疾이라不得不除요且朝廷이業已討之에兩河藩鎭跋扈者ㅣ將視此爲高下ᄒᆞ니不可中止이니다上이以爲然ᄒᆞ야悉以用兵事로委度ᄒᆞ야討賊愈急이러라

或이度官을罷ᄒᆞ야써恒鄆의心을安케ᄒᆞ기를請ᄒᆞᆫ디上이怒ᄒᆞ야曰만일度官을罷ᄒᆞ면是ᄂᆞᆫ奸謀ㅣ得成이오朝廷이다시綱紀가無ᄒᆞᆷ이라吾ㅣ度一人을用ᄒᆞ면足히二賊을破ᄒᆞ리라ᄒᆞ고乙丑에度로써中書侍郎同平章事를ᄉᆞᆷ으니度ㅣ言을上ᄒᆞ되淮西ᄂᆞᆫ腹心의疾이라시러금除ᄒᆞ지아니ᄒᆞᆯ슈업고또ᄒᆞᆫ朝廷이발셔討ᄒᆞᆷ에兩河藩

鎭跋扈ᄒᆞᄂᆞᆫ者ㅣ쟝찻此를視ᄒᆞ야高下를ᄒᆞᆯ지니可히中止치못ᄒᆞᆯ지니라上이써然히ᄒᆞ야다用兵事로써度에게委ᄒᆞ야討賊ᄒᆞ기를더욱急히ᄒᆞ드라

(丙申)十一年이라夏四月에 司農卿皇甫鎛으로 伯各反 以兼中丞權度支ᄒᆞ니始以聚斂으로得幸이러라

十一年이라夏四月에司農卿皇甫鎛으로써中丞權度支를兼ᄒᆞ니비로소聚斂으로써幸을得ᄒᆞ더라

六月에高霞寓ㅣ大敗於鐵城ᄒᆞ야 僅以身免ᄒᆞ니中外ㅣ駭愕이라宰相이入見ᄒᆞ고 將勸上罷兵호ᄃᆡ上이 曰勝負ᄂᆞᆫ 兵家之常이니 豈得以一將失利로 遽議罷兵耶아 於是에 獨用裴度之言ᄒᆞ니 言罷兵者ㅣ亦稍息矣러라 出度傳

六月에高霞寓ㅣ鐵城에서大敗ᄒᆞ야계우身으로써免ᄒᆞ니中外ㅣ駭愕이라宰相이드러가見ᄒᆞ고장찻上을勸ᄒᆞ야兵을罷ᄒᆞ려ᄒᆞᆫᄃᆡ上이曰勝負ᄂᆞᆫ兵家의常ᄉᆞ니엇지시러곰一將의失利홈으로써급히罷兵ᄒᆞ기를議ᄒᆞ랴於是에홀로裴度의言을用ᄒᆞ니罷兵ᄒᆞ라言ᄒᆞᄂᆞᆫ者ㅣ쏘ᄒᆞᆫ稍히息ᄒᆞ더라

李愬音素也

署爲署除也

(丁酉)十二年이라以太子詹事李愬로爲唐鄧隨節度使ᄒᆞ다(愬李晟之子)

淮西人이自以嘗敗高袁二帥로輕愬名位素微ᄒᆞ야遂不爲備여늘愬ㅣ謀襲蔡州ᄒᆞ야遣馬少良ᄒᆞ야將十餘騎巡邏ᄒᆞᆯᄉᆡ遇吳元濟捉生虞候丁士良ᄒᆞ야與戰擒之ᄒᆞ니愬ㅣ命釋其縛ᄒᆞ고給其衣服器械ᄒᆞ고署爲捉生將ᄒᆞᆫᄃᆡ士良이言於愬曰吳秀琳이擁三千之衆ᄒᆞ고據文城柵ᄒᆞ야(柵側革反寨柵也柵立木爲之)爲賊左臂ᄒᆞ니官軍이不敢近者ᄂᆞᆫ有陳光洽이爲之謀主也라光洽이勇而輕ᄒᆞ야好自出戰ᄒᆞ니請爲公ᄒᆞ야先擒光洽則秀琳은自降矣리다戊申에士良이擒光洽以歸ᄒᆞ다

十二年이라太子詹事李愬로ᄡᅥ唐鄧隨節度使를ᄉᆞᆷ다淮西人이스스로일즉高袁二帥를敗ᄒᆞᆷ으로ᄡᅥ愬의名位가素微ᄒᆞᆷ을輕히여겨방備치안커늘愬ㅣ蔡州를襲ᄒᆞ기謀ᄒᆞ야馬少良을遣ᄒᆞ야十餘騎를將ᄒᆞ고巡邏ᄒᆞᆯᄉᆡ吳元濟捉生虞候丁士良을遇ᄒᆞ야더부러戰ᄒᆞ야擒ᄒᆞ니愬ㅣ命ᄒᆞ야그縛을釋ᄒᆞ고그衣服과器械를給ᄒᆞ고署ᄒᆞ야捉生將을ᄉᆞᆷ은ᄃᆡ士良이愬의게言ᄒᆞ야曰吳秀琳이三千의衆을擁ᄒᆞ고文城柵에據

호야賊의左臂가되얏스니官軍이敢히近치못호ᄂᆞᆫ者ᄂᆞᆫ陳光洽이謀主가됨이라光
洽이勇호고輕호야스ᄉᆞ로出戰호기를好호니請컨ᄃᆡ公을위호야먼저光洽을擒호
ᄌᆞ秀琳은스ᄉᆞ로降호리이다戊申에士良이光洽을擒호야써歸호다

三月에吳秀琳이以文城柵으로降于李愬어늘愬이慰勞之호고降其
衆三千人호라秀琳의將李憲이有材勇이어늘愬ㅣ更其名曰忠義
라호야而用之호다愬ㅣ與秀琳으로謀取蔡홀셰秀琳이曰公이欲取蔡ㅣᆫ댄非
得李祐면不可ㅣ니如秀琳은無能爲也ㅣ니이다會에祐ㅣ帥士卒호고刈
麥於張柴村이어늘愬ㅣ使廂虞候史用誠으로擒之호다

三月에吳秀琳이文城柵으로써李愬의게降호거ᄂᆞᆯ愬ㅣ慰勞호고그衆三千人을降
호다秀琳의將李憲이材勇이有호거ᄂᆞᆯ愬ㅣ其名을更호야曰忠義라호야用호다愬
ㅣ秀琳으로더부러蔡를取호기謀홀ᄉᆡ秀琳이曰公이蔡를取호고ᄌᆞ홀진ᄃᆡᆫ李祐를
得호지못호면可치아니호니秀琳과如홈은能히홀것이업ᄂᆞ이다會에祐ㅣ士卒을
帥호고麥을張柴村에서刈호거ᄂᆞᆯ愬ㅣ廂虞候史用誠으로호야금擒호다

諸軍이討淮西호야四年不克호니饋運이疲弊호야民이至有以驢耕

者여ᄂᆞᆯ 上이 亦病之ᄒᆞ야 以問宰相ᄒᆞᆫ대 李逢吉等이 競言師老財竭ᄒᆞ야
意欲罷兵ᄒᆞᆫ대 裴度ㅣ 獨無言이어ᄂᆞᆯ 上이 問之ᄒᆞᆫ대 對曰臣은 請自往督
戰ᄒᆞ야 誓不與此賊으로 俱生이니이다 臣이 觀元濟ㅣ 勢實窘蹙이나 但諸將
이 心不壹ᄒᆞ야 不併力迫之故로 未降爾니 若臣이 自詣行營이면 諸
將이 恐臣의 奪其功ᄒᆞ야 必爭進破賊矣리이다 上이 悅ᄒᆞ다

諸軍이淮西를討ᄒᆞ야四年에克지못ᄒᆞ니餽運이疲弊ᄒᆞ야民이驢로써耕ᄒᆞᄂᆞᆫ디至ᄒᆞᄂᆞᆫ者ㅣ有ᄒᆞ거ᄂᆞᆯ上이또ᄒᆞᆫ病히여겨써宰相의게問ᄒᆞᆫ듸李逢吉等이競言ᄒᆞ듸師ㅣ老ᄒᆞ고財ㅣ竭ᄒᆞ야意에兵을罷ᄒᆞ고ᄌᆞᄒᆞ되裴度ㅣᄒᆞᆯ로言이無ᄒᆞ거ᄂᆞᆯ上이問ᄒᆞᆫ듸對ᄒᆞ야曰臣은請컨듸스ᄉᆞ로가셔督戰ᄒᆞ야맹셰코此賊으로더부러俱生ᄒᆞ지안켓ᄂᆞ이다臣이觀ᄒᆞ건듸元濟ㅣ勢가실상窘蹙ᄒᆞ나다만諸將이心이一치못ᄒᆞ야力을併ᄒᆞ야迫치안ᄂᆞᆫ故로降치못ᄒᆞᆷ이니만일臣이스ᄉᆞ로行營에詣ᄒᆞ면諸將이臣이그功을奪ᄒᆞᆯ가恐ᄒᆞ야반다시爭進ᄒᆞ야賊을破ᄒᆞ리이다上이悅ᄒᆞ다

六月에 以度로 爲門下侍郞同平章事ᄒᆞ야 兼彰義節度使ᄒᆞ고 仍
充淮西宣慰招討處置使ᄒᆞ니 度ㅣ 將行에 言於上曰臣이 若賊

滅則朝天이有期어니와賊在則歸闕이無日이니이다上이爲之流涕러라(出度傳)
李愬ㅣ將攻吳房ᄒᆞᆯ시(地志汝南有吳房縣註吳王闔廬弟夫槪奔楚楚封於此爲棠谿氏本房子國以其封吳故名吳房)諸將이曰今日이
往亡이니이다 愬ㅣ曰吾兵이少ᄒᆞ야不足戰이니宜出其不意면 彼ㅣ以往
亡으로不吾虞ᄒᆞ리니 正可擊也라ᄒᆞ고 遂往克其外城ᄒᆞ고 斬首千餘級
ᄒᆞ다
六月에度로써門下侍郞同平章事를ᄉᆞᆷ어彰義節度使를兼ᄒᆞ고仍ᄒᆞ야淮西宣慰招
討處置使를充ᄒᆞ니度ㅣ쟝찻行ᄒᆞᆷ에上의게言ᄒᆞ야曰臣이만일賊을滅ᄒᆞᆫ즉天에朝
ᄒᆞᆷ이期가有ᄒᆞ려니와賊이在ᄒᆞᆫ즉闕에歸ᄒᆞᆯ日이無ᄒᆞ니이다上이위ᄒᆞ야涕를流ᄒᆞ
더라李愬ㅣ쟝찻吳房을攻ᄒᆞᆯ시 諸將이曰今日이往亡이니이다愬ㅣ曰吾兵이少
ᄒᆞ야足히戰ᄒᆞ지못ᄒᆞᆯ지니맛당이그不意에出ᄒᆞ면彼ㅣ써往亡으로吾를虞ᄒᆞ지
아니ᄒᆞ리니正히可히擊ᄒᆞ리라ᄒᆞ고드듸여往ᄒᆞ야그外城을克ᄒᆞ고首千餘級을斬
ᄒᆞ다
李祐ㅣ言於李愬曰蔡之精兵이皆在洄曲(洄胡瑰反)及四境ᄒᆞ야拒守
ᄒᆞ고守州城者는皆羸老之卒이니(羸倫爲反瘠也)可以乘虛ᄒᆞ야直抵其城이면比

先登註率先登城

常侍李愬

牙城彙將軍之旂曰牙立於帳前謂之牙帳

賊將이聞之ᄒᆞ야 元濟ㅣ已成擒矣니이다 愬ㅣ然之ᄒᆞ야 夜半에雪甚ᄒᆞ되行
七十里ᄒᆞ야至州城ᄒᆞ니 近城에有鵝鴨池여늘 愬令驚之ᄒᆞ야以混軍聲이러라
自吳少誠이拒命으로官軍이不至蔡州城下ㅣ三十餘年이라故
로蔡人이不爲備러라 四鼓에 愬ㅣ至城下ᄒᆞ니無一人知者라 李祐李
忠義ㅣ钁其城爲坎ᄒᆞ야以先登ᄒᆞ고 钁厥縛反大鉏也 壯士ㅣ從之ᄒᆞ야 鷄鳴에 入
居元濟外宅ᄒᆞ니 或이告元濟曰官軍이至矣라ᄒᆞᆫ대 元濟ㅣ尙寢이라가
笑曰俘囚ㅣ爲盜爾니 曉當盡殺之ᄒᆞ리라 又有告者ㅣ曰城이陷
矣라ᄒᆞᆫ대 元濟ㅣ起聽於廷이라가 聞愬軍이號令ᄒᆞ야曰常侍ㅣ傳語라ᄒᆞ니 應
者ㅣ近萬人이라 元濟始懼ᄒᆞ야 乃帥左右ᄒᆞ고 登牙城拒戰ᄒᆞ다 出愬傳古者軍行有牙尊者所在後人因以所治爲牙曰牙城者謂牙之城即內城也

李祐ㅣ李愬의게言ᄒᆞ야曰蔡의精兵은다洄曲과밋四境에在ᄒᆞ야拒守ᄒᆞ고州城을
守ᄒᆞ는者는다羸老의卒이니可히써虛를乘ᄒᆞ야곳其城에抵ᄒᆞ면賊將이聞에比ᄒᆞ
야元濟ㅣ이미擒ᄒᆞᆷ을成ᄒᆞ리다愬ㅣ그러히역여夜半에雪이甚ᄒᆞᆫ되七十里를行ᄒᆞ

야州城에至ᄒᆞ니近城에鵝鴨池가有ᄒᆞ여놀愬ㅣᄒᆞ야금驚케ᄒᆞ야써軍聲을混ᄒᆞ더라吳少誠이命을拒ᄒᆞᆷ으로부터官軍이蔡州城下에至치못ᄒᆞᆫ지가三十餘年이라故로蔡人이備ᄒᆞᆷ을아니ᄒᆞ엿더라四鼓에愬ㅣ城下에至ᄒᆞ니一人도知ᄒᆞ는者ㅣ無ᄒᆞᆫ지라李祐李忠義ㅣ그城을钁ᄒᆞ야坎을ᄒᆞ야써先登ᄒᆞ고壯士ㅣ從ᄒᆞ야鷄鳴에元濟外宅에入居ᄒᆞ니或이元濟의게告ᄒᆞ야曰官軍이至라ᄒᆞᆫ디元濟ㅣ오히려寢ᄒᆞ다가笑曰俘囚ㅣ盜를ᄒᆞᆷ이니曉에맛당이다殺ᄒᆞ리라ᄯᅩ告者ㅣ有ᄒᆞ야曰城이陷ᄒᆞ엿다ᄒᆞᆫ디元濟ㅣ起ᄒᆞ야廷에서聽ᄒᆞ다가聞ᄒᆞ니愬軍이號令ᄒᆞ야曰常侍ㅣ傳語라ᄒᆞ니應ᄒᆞ는者ㅣ萬人에近ᄒᆞᆫ지라元濟ㅣ비로소懼ᄒᆞ야이에左右를帥ᄒᆞ고牙城에登ᄒᆞ야拒戰ᄒᆞ다

時에董重質이擁兵萬餘人ᄒᆞ고據洄曲이어늘愬ㅣ曰元濟ㅣ所望者는重質之救爾이라ᄒᆞ고乃訪重質家ᄒᆞ야厚撫之ᄒᆞ고遣其子傳道ᄒᆞ야持書諭重質ᄒᆞ니重質이遂單騎로詣愬降ᄒᆞᆫ다元濟ㅣ於城上에請罪어늘梯而下之ᄒᆞ야檻送京師ᄒᆞ고不戮一人ᄒᆞ고屯於鞠場ᄒᆞ야以待裴度ᄒᆞ니 (鞠渠六反 蹴蹋之處也) 度ㅣ入城이어늘李愬ㅣ具櫜鞬出迎ᄒᆞ야 (王氏曰左傅右屬櫜鞬註櫜韜也馬上曰鞬々建也言弓矢並建立其中也樂記曰武王克殷倒載干戈包之以虎皮將帥之士使爲諸侯名之曰建櫜註包干戈以虎皮明能以武服兵也建讀爲鞬字之誤也兵甲之衣曰櫜鞬言閉藏兵甲也櫜音羔鞬巨展巨偃二反李弓具此出迎者軍禮也以示尊敬之義) 拜

櫜鞬々弓衣櫜馬上盛弓矢器

不憂愬遣兵攻郎山官軍不利衆皆悵恨愬獨喜

於路左ᄒᆞ니度ㅣ將避之어ᄂᆞᆯ愬ㅣ曰蔡人이頑悖ᄒᆞ야不識上下之分이數十年矣라願公은因而示之ᄒᆞ야使知朝廷之尊ᄒᆞ소서度ㅣ乃受之ᄒᆞ다

時에董重質이精兵萬餘人을擁ᄒᆞ고洄曲에據ᄒᆞ거ᄂᆞᆯ愬ㅣ曰元濟의望ᄒᆞᄂᆞᆫ바者ᄂᆞᆫ重質의救홈이라ᄒᆞ고이에重質의家를訪ᄒᆞ야厚히撫ᄒᆞ고其子傅道를遣ᄒᆞ야書를持ᄒᆞ고重質을諭ᄒᆞ니重質이드듸여單騎로愬의게詣ᄒᆞ야降ᄒᆞ다元濟ㅣ城上에셔罪를請ᄒᆞ거ᄂᆞᆯ梯로下ᄒᆞ야檻으로京師에送ᄒᆞ고一人도戮ᄒᆞ지아니ᄒᆞ고鞠場에屯ᄒᆞ야써裴度를待ᄒᆞ니度ㅣ城에入ᄒᆞ거ᄂᆞᆯ李愬ㅣ櫜鞬을具ᄒᆞ고出迎ᄒᆞ야路左에셔拜ᄒᆞ니度ㅣ장찻避하거ᄂᆞᆯ愬ㅣ曰蔡人이頑悖ᄒᆞ야上下의分을識지못홈이數十年이라願컨ᄃᆡ公은因ᄒᆞ야示ᄒᆞ야ᄒᆞ야금朝廷의尊홈을知ᄒᆞ게ᄒᆞ소셔度ㅣ이에受ᄒᆞ다

愬ㅣ還軍文城ᄒᆞ니諸將ㅣ請曰始에公이敗於朗山而不憂ᄒᆞ고勝於吳房而不取ᄒᆞ고冒大風雪而不止ᄒᆞ고孤軍이深入而不懼ᄒᆞ야卒以成功ᄒᆞ니皆衆人의所不諭也ㅣ니敢問其故ᄒᆞ노라朗愬曰山不

利則賊이輕我ᄒᆞ야不爲備矣요取吳房則其衆이奔蔡ᄒᆞ야併力固守故存之ᄒᆞ야以分其兵이요風雪陰晦則烽火ㅣ不接ᄒᆞ야不知吾至요孤軍이深入則人皆致死ᄒᆞ야戰自倍矣라夫視遠者ᄂᆞᆫ不顧近ᄒᆞ고慮大者ᄂᆞᆫ不計細ᄒᆞᄂᆞ니若矜小勝恤小敗면先自撓矣니何暇에立功乎아衆皆服이러라 愬ㅣ儉於奉己而豐於待士ᄒᆞ고知賢不疑ᄒᆞ고見可能斷ᄒᆞ니此其所以成功也러라

愬ㅣ軍을文城에還ᄒᆞ니諸將이請ᄒᆞ야曰始에公이朗山에셔敗ᄒᆞ되憂치아니ᄒᆞ고吳房에셔勝ᄒᆞ되取치아니ᄒᆞ고大風雪을冒ᄒᆞ야止치아니ᄒᆞ고孤軍이깁히入ᄒᆞ야懼치아니ᄒᆞ야맛참ᄂᆡ功을成ᄒᆞ니다衆人의諭치못ᄒᆞᄂᆞᆫ비라敢히그故를問ᄒᆞ노라愬ㅣ曰朗山에不利ᄒᆞᆫ즉賊이我를輕ᄒᆞ야備ᄒᆞ지아니ᄒᆞᆯ거시오吳房을取ᄒᆞᆫ즉其衆이蔡로奔ᄒᆞ야力을併ᄒᆞ야固守ᄒᆞᆯ지라故로存之ᄒᆞ야써其兵을分ᄒᆞᆷ이오風雪陰晦則烽火ㅣ接지못ᄒᆞ야吾ㅣ至ᄒᆞᆷ을아지못ᄒᆞᆯ것시오孤軍이深入ᄒᆞᆫ즉人이다死를致ᄒᆞ야戰이스ᄉᆞ로倍나될지라무릇遠을視ᄒᆞᄂᆞᆫ者ᄂᆞᆫ近을顧치아니ᄒᆞ고大를慮ᄒᆞᄂᆞᆫ者ᄂᆞᆫ細를計치안ᄂᆞ니만일小勝을矜ᄒᆞ고小敗를恤ᄒᆞ면先히스ᄉᆞ로撓ᄒᆞᆯ지니何暇에

功을立ᄒᆞ리오衆이다服ᄒᆞ드라愬ㅣ奉己에ᄂᆞᆫ儉ᄒᆞ고士를待홈에ᄂᆞᆫ豐ᄒᆞ고賢을知ᄒᆞ야疑치아니ᄒᆞ고可를見ᄒᆞ야能히斷ᄒᆞ니此ㅣ그써功을成ᄒᆞᆫ바이러라

**裴度ㅣ以蔡卒로爲牙兵ᄒᆞ니或이諫曰蔡人이反側者尙多ᄒᆞ니不可不備니이라度ㅣ笑曰吾ㅣ爲彰義節度使ᄒᆞ야元惡을旣擒ᄒᆞ니蔡人則吾人也라又何疑焉이리오蔡人이聞之ᄒᆞ고感泣이러라先是에吳氏父子ㅣ阻兵에禁人이偶語於塗ᄒᆞ고夜不然燭ᄒᆞ고有以酒食으로相過從者를罪死러니度ㅣ旣視事에下令ᄒᆞ야惟禁盜賊鬪殺ᄒᆞ고餘皆不問ᄒᆞ고往來者를不限晝夜ᄒᆞ니蔡人이始知有生民之樂이러라** 出度傳

裴度ㅣ蔡卒로써牙兵을삼으니或이諫ᄒᆞ야曰蔡人이反側ᄒᆞᆫ者오히려多ᄒᆞ니可히備치아니치못ᄒᆞᆯ지니라度ㅣ笑ᄒᆞ야曰吾ㅣ彰義節度使가되야셔元惡을이미擒ᄒᆞ엿스니蔡人인則吾人이라또何를疑ᄒᆞ리오蔡人이聞ᄒᆞ고感泣이러라先是에吳氏父子ㅣ兵을阻홈에人이塗에셔偶語홈을禁ᄒᆞ고夜에燭을燃ᄒᆞ지못ᄒᆞ게ᄒᆞ고酒食으로써서로過從ᄒᆞᄂᆞᆫ者ㅣ有ᄒᆞ면罪ㅣ死러니度ㅣ이미事를視ᄒᆞ미令을下ᄒᆞ야오직盜賊이鬪殺홈을禁ᄒᆞ고餘ᄂᆞᆫ다問치아니ᄒᆞ고往來者를晝夜를限ᄒᆞ지안니

獷戾獷惡距也

ᄒᆞ니蔡人이비로소生民의樂을知ᄒᆞ더라

初에淮西之人이刼於李希烈吳少誠之威虐ᄒᆞ야不能自拔ᄒᆞ야久而老者ᄂᆞᆫ衰ᄒᆞ고幼者ᄂᆞᆫ壯ᄒᆞ야安於悖逆ᄒᆞ고不復知有朝廷矣라雖居中土나其風俗이獷戾ᄒᆞ야(獷古猛反)過於夷貉故로以三州之衆으로擧天下之兵ᄒᆞ야環而攻之ᄒᆞ야四年後에克之러라(出元齊傳)

初에淮西의人이李希烈과吳少誠의威虐을刼ᄒᆞ야能히스ᄉᆞ로拔치못ᄒᆞ야久ᄒᆞ고老ᄒᆞᆫ者ᄂᆞᆫ衰ᄒᆞ고幼ᄒᆞᆫ者ᄂᆞᆫ壯ᄒᆞ야悖逆에安ᄒᆞ고다시朝廷이有ᄒᆞᆷ을알지못ᄒᆞᄂᆞᆫ지라비록中土에居ᄒᆞ나그風俗이獷戾ᄒᆞ야夷貉에過ᄒᆞᆫ故로三州의衆으로써天下의兵을擧ᄒᆞ야環ᄒᆞ고攻ᄒᆞ야四年後에克ᄒᆞ다

十二月에賜裴度爵晋國公ᄒᆞ고復入知政事ᄒᆞ다

十二月에裴度를爵晋國公을賜ᄒᆞ고復히入ᄒᆞ야政事를知케ᄒᆞ다

(戊戌)十三年이라春에淮西ㅣ既平ᄒᆞ니李師道ㅣ憂懼ᄒᆞ야不知所爲여ᄂᆞᆫ李公度ㅣ說之ᄒᆞ되納質獻地ᄒᆞ야以自贖ᄒᆞ라ᄒᆞ니師道ㅣ從之ᄒᆞ야遣使奉表ᄒᆞ고獻沂密海三州ᄒᆞ니上이許之러라二月에浚龍首池ᄒᆞ고起承

暉殿ᄒᆞ니 土木이 寢興矣리라

十三年이라春에淮西ㅣ이미平ᄒᆞ니李師道ㅣ憂懼ᄒᆞ야ᄒᆞᆯ바를知치못ᄒᆞ거ᄂᆞᆯ李公度ㅣ說ᄒᆞ되質을納ᄒᆞ고地를獻ᄒᆞ야써스ᄉᆞ로贖ᄒᆞ라ᄒᆞ니師道ㅣ從ᄒᆞ야使를遣ᄒᆞ야表를奉ᄒᆞ고沂密海三州를獻ᄒᆞ거ᄂᆞᆯ上이許ᄒᆞ다二月에龍首池를浚ᄒᆞ고承暉殿을起ᄒᆞ니土木이寢興ᄒᆞ더라

裴度之在淮西也에 布衣栢耆ㅣ 以策으로 干韓愈曰吳元濟ㅣ 既就擒ᄒᆞ니 王承宗이 破膽矣라 願得奉丞相書ᄒᆞ고 往說之면 可不煩兵而服이라ᄒᆞ야ᄂᆞᆯ 愈ㅣ 白度爲書遣之ᄒᆞ니 承宗이 懼ᄒᆞ야 請以二子로 爲質ᄒᆞ고 及獻德棣二州ᄒᆞ고 輸租稅請官吏어ᄂᆞᆯ 上이 許ᄒᆞ다

裴度ㅣ淮西에在ᄒᆞᄆᆡ布衣栢耆ㅣ策으로써韓愈를干ᄒᆞ야曰吳元濟ㅣ이미擒에就ᄒᆞ엿스니王承宗이膽이破ᄒᆞᆫ지라원컨ᄃᆡ丞相의書를奉ᄒᆞ고가셔說ᄒᆞ면가히兵을煩ᄒᆞ지아니ᄒᆞ고服ᄒᆞ리라ᄒᆞ야ᄂᆞᆯ愈ㅣ度에게白ᄒᆞ고書를ᄒᆞ야遣ᄒᆞ니承宗이懼ᄒᆞ야二子로써質ᄒᆞ길請ᄒᆞ고밋德棣二州를獻ᄒᆞ고租稅를輸ᄒᆞ고官吏를請ᄒᆞ니上이許ᄒᆞ다

幽州大將譚忠이說劉總歸朝廷ᄒᆞ니詔洗雪王承宗及成德將士ᄒᆞ고復其官爵ᄒᆞ다

幽州人將譚忠이劉總을說ᄒᆞ야朝廷에歸ᄒᆞ니詔ᄒᆞ야王承宗과밋成德將士를洗雪ᄒᆞ고그官爵을復ᄒᆞ다

李師道ㅣ表言ᄒᆞ되軍情이不聽納質割地라ᄒᆞ야ᄂᆞᆯ上이怒ᄒᆞ야決意討之ᄒᆞ다秋七月에下制ᄒᆞ야罪狀師道ᄒᆞ고令宣武魏博義成武寧橫海兵으로共討之ᄒᆞ다 出師道傳

李師道ㅣ表言ᄒᆞ되軍情이納質割地홈을不聽ᄒᆞᆫ다ᄒᆞ거ᄂᆞᆯ上이怒ᄒᆞ야討ᄒᆞ기을意에決ᄒᆞ다秋七月에制를下ᄒᆞ야師道를罪狀ᄒᆞ고宣武魏博義成武寧橫海兵으로ᄒᆞ야금共히討ᄒᆞ다

淮西ㅣ既平에上이寖驕侈어늘戶部侍郞判度支皇甫鎛과衛尉卿鹽鐵轉運使程异ㅣ曉其意ᄒᆞ고數進羨餘ᄒᆞ야以供其費ᄒᆞ니由是로有寵이러라八月에鎛을以本官ᄒᆞ고异를以工部侍郞으로並同平

底寧底音旨平也

章事ᄒᆞ다判使如故ᄒᆞ야制下에朝野ㅣ駭愕ᄒᆞ고至於市道負販者라도亦嗤之러라 嗤尺之反

淮西ㅣ이미平ᄒᆞ미上이寖侈驕ᄒᆞ니戶部侍郞判度支皇甫鎛과衛尉卿鹽鐵轉運使程异ㅣ其意를曉ᄒᆞ고羡餘를數進ᄒᆞ야써其費을供ᄒᆞ니由是로寵이有ᄒᆞ더라八月에鎛을本官으로써ᄒᆞ고异를工部侍郞으로써平章事을並ᄒᆞ다判使ㅣ故와如ᄒᆞ야制을下ᄒᆞ미朝野ㅣ駭愕ᄒᆞ고市道負販者에至ᄒᆞ야도또ᄒᆞᆫ嗤ᄒᆞ더라

裴度ㅣ恥與小人으로同列ᄒᆞ야表求自退ᄒᆞ어늘不許ᄒᆞᆫ대度ㅣ復上疏ᄒᆞ야以爲天下治亂이繫朝廷ᄒᆞ고朝廷輕重은在輔相이라所可惜者는淮西ㅣ盪定ᄒᆞ고河北이底寧ᄒᆞ고承宗이斂手削地ᄒᆞ고韓弘이輿疾討賊ᄒᆞ니豈朝廷之力으로能制其命哉아得以處置로得宜ᄒᆞ야能服其心爾요陛下ㅣ建升平之業이十己八九ᄒᆞ여늘何忍還自墮壞ᄒᆞ야使四方으로解體乎잇가上이以度로爲朋黨이라ᄒᆞ야不之省ᄒᆞ니由是로鎛이益無所憚ᄒᆞ고程异는亦自知不合衆心ᄒᆞ고能廉謹謙遜ᄒᆞ야爲相月餘에

不敢知印秉筆故로終免於禍러라

裴度ㅣ小人으로더부러同列ᄒᆞ기를恥ᄒᆞ야ᄉᆞᄉᆞ로退ᄒᆞ기를表求ᄒᆞ거늘許치아니ᄒᆞᆫᄃᆡ度ㅣ다시疏를上ᄒᆞ야써ᄒᆞ되天下治亂이朝廷에繫ᄒᆞ고朝廷輕重은輔相에在ᄒᆞᆫ지라可히惜ᄒᆞᆫ바者ᄂᆞᆫ淮西ㅣ盪定ᄒᆞ고河北이底寧ᄒᆞ고承宗이手를歛ᄒᆞ고地를割ᄒᆞ고韓弘이輿疾討賊ᄒᆞ니엇지朝廷의力으로能히그命을制ᄒᆞᆷ이리오시러곰處置로써得宜ᄒᆞ야能히其心을服ᄒᆞᆷ이오陛下ㅣ升平의業을建ᄒᆞᆷ이十에이미八九여ᄂᆞᆯ엇지참아도로혀ᄉᆞᄉᆞ로隳壞ᄒᆞ야四方으로ᄒᆞ야금體를解ᄒᆞ리잇가上이度로써朋黨ᄒᆞᆫ다ᄒᆞ야省ᄒᆞ지아니ᄒᆞ니由是로鎛이더욱憚ᄒᆞᄂᆞᆫ바ㅣ無ᄒᆞ고程异ᄯᅩᄒᆞᆫ衆心이不合ᄒᆞᆷ을知ᄒᆞ고能히廉謹謙遜ᄒᆞ야相이된지月餘에敢히印을知ᄒᆞ고筆을秉치못ᄒᆞᄂᆞᆫ故로마ᄎᆞᆷ내禍를免ᄒᆞ다

出度等傳鎛傳云帝銳於立功而皇甫鎛聚歛取宰相中興之不終有爲而然

上이晩節에好神仙ᄒᆞ야詔天下求方士ᄒᆞ니宗正卿李道古ㅣ因皇甫鎛ᄒᆞ야薦山人柳泌이能合長生藥이라ᄒᆞᆫᄃᆡ詔泌居興唐觀ᄒᆞ야煉藥ᄒᆞ니泌이言天台에多靈草ᄒᆞ니誠爲彼長吏면庶幾可求라ᄒᆞᆫᄃᆡ上이以泌로權知台州刺史ᄒᆞ니諫官이爭論ᄒᆞ야以爲人主ㅣ喜方士ᄒᆞ니未

有使之臨民者이니다上이曰煩一州之力而能爲人主致長生ᄒᆞ니臣子ㅣ亦何愛焉고由是로羣臣이莫敢言이러라

上이晩節에神仙을好ᄒᆞ야天下에詔ᄒᆞ야方士를求ᄒᆞ니宗正卿李道古ㅣ皇甫鎛을因ᄒᆞ야山人柳泌이能히長生藥을合홈으로薦ᄒᆞᆫᄃᆡ詔ᄒᆞ야泌을興唐觀에居ᄒᆞ야藥을煉ᄒᆞ게ᄒᆞ니泌이言ᄒᆞ되天台에靈草가多ᄒᆞ니진실로시러곰彼가長吏가되면거의可히求ᄒᆞ겟다ᄒᆞᄃᆡ上이泌로써台州刺史를權知케ᄒᆞ니諫官이爭論ᄒᆞ야써ᄒᆞ되人主ㅣ方士를喜ᄒᆞ니ᄒᆞ야금民을臨ᄒᆞ는者ㅣ有치안으니이다上이曰一州의力을煩ᄒᆞ야能히人主長生을致ᄒᆞ거늘臣子ㅣ또ᄒᆞᆫ何를愛ᄒᆞ는고由是로羣臣이敢히言치못ᄒᆞ더라

功德使ㅣ上言ᄒᆞᄃᆡ鳳翔法門寺塔에有佛指骨ᄒᆞ야相傳三十年에一開ᄒᆞ니開則歲豊人安이라來年에應開니請迎之ᄒᆞ소서十二月에上이遣中使ᄒᆞ야帥僧衆迎之ᄒᆞ다

功德使ㅣ言을上호ᄃᆡ鳳翔法門寺塔에佛指骨이有ᄒᆞ야셔로傳ᄒᆞᆫ지三十年에ᄒᆞᆫ번식開ᄒᆞ니開ᄒᆞᆫ즉歲가豊ᄒᆞ고人이安ᄒᆞᆫ지라來年에應開니請컨ᄃᆡ迎ᄒᆞ소서十二月에上이中使를遣ᄒᆞ야僧衆을帥ᄒᆞ고迎之ᄒᆞ다

上이嘗語宰相호ᄃᆡ 人臣이當力爲善이어ᄂᆞᆯ 何乃好立朋黨고 朕이甚
惡之ᄒᆞ노라 裴度ㅣ對曰方以類聚오 物以羣分이니 君子小人이志
趣同者ᄂᆞᆫ勢必相合이라 君子爲徒ᄅᆞᆯ謂之同德이오 小人爲徒ᄅᆞᆯ謂
之朋黨이니 外雖相似나 內實懸殊ᄒᆞ니 在聖主의 辨其所爲邪正
耳ㅣ니이다 出本傳

上이일즉宰相더러言호ᄃᆡ人臣은맛당이善을力ᄒᆞᆯ거시여ᄂᆞᆯ엇지ᄒᆞ야朋黨을立ᄒᆞ
기ᄅᆞᆯ됴와ᄒᆞᄂᆞᆫ고朕이甚히惡ᄒᆞ노라裴度ㅣ對ᄒᆞ야曰方은類로써聚ᄒᆞ고物은羣으
로써分ᄒᆞᄂᆞ니君子小人이志趣가同ᄒᆞᆫ者ᄂᆞᆫ勢가반다시서로合ᄒᆞᆷ이라君子ㅣ徒ᄅᆞᆯ
ᄒᆞᆷ을일으되同德이요小人이徒ᄅᆞᆯᄒᆞᆷ을일으되朋黨이니外로ᄂᆞᆫ비록相似ᄒᆞ나內ᄂᆞᆫ
실상懸殊ᄒᆞ니聖主의그邪와正을ᄒᆞᄂᆞᆫ바ᄅᆞᆯ辨ᄒᆞᆷ에在ᄒᆞ니이다

(己亥)十四年이라 春에 中使ㅣ迎佛骨ᄒᆞ야 至京師어ᄂᆞᆯ 上이留禁中三
日에 乃歷送諸寺ᄒᆞ니 王公士民이瞻奉捨施호ᄃᆡ 惟恐不及ᄒᆞ야 有竭
產充施者ᄒᆞ며 有燃香臂頂供養者어ᄂᆞᆯ 韓愈ㅣ上表切諫호ᄃᆡ 佛者

ᄂᆞᆫ夷狄之一法爾라 自黃帝로 以至禹湯文武에 皆享壽考ᄒᆞ고 百姓이 安樂ᄒᆞ던當世에 未有佛也러니 漢明帝時에 始有佛法이나 其後에 亂亡이 相繼ᄒᆞ고 運祚ㅣ 不長ᄒᆞ고 宋齊梁陳元魏以下ㅣ 事佛漸謹이나 年代ㅣ 尤促이라 惟梁武帝ㅣ 在位四十八年에 前後三捨身ᄒᆞ야 爲寺家奴ᄒᆞ되 竟爲侯景에 所逼ᄒᆞ야 餓死臺城ᄒᆞ고 國亦尋滅ᄒᆞ니 事佛求福이 乃更得禍라 由此觀之컨ᄃᆡ 佛을 不足信이 亦可知矣라 百姓이 愚冥ᄒᆞ야 易惑難曉니 苟見陛下ㅣ 如此ᄒᆞ면 皆云天子는 大聖으로도 猶一心敬信이어던 百姓은 微賤이라 於佛에 豈可更惜身命고ᄒᆞ리이다

十四年이라春正月에中使ㅣ佛骨을迎ᄒᆞ야京師에至ᄒᆞ거늘上이禁中에留ᄒᆞᆫ지三日에이에諸寺에歷送ᄒᆞ니王公士民이瞻ᄒᆞ고奉ᄒᆞ야捨施호ᄃᆡ오즉及지못ᄒᆞᆯ가恐ᄒᆞ야產을竭ᄒᆞ야充施ᄒᆞᄂᆞᆫ者ㅣ有ᄒᆞ고香을燃ᄒᆞ고臂頂으로供養ᄒᆞᄂᆞᆫ者ㅣ有ᄒᆞ거늘韓愈ㅣ表를上ᄒᆞ야간절니諫호ᄃᆡ佛이란者ᄂᆞᆫ夷狄의一法이라黃帝로부허써禹

湯文武에至ᄒᆞ며다壽考를享ᄒᆞ고百姓이安樂호ᄃᆡ當世에佛이有치아니ᄒᆞ더니漢明帝時에비로소佛法이有ᄒᆞᄂᆞ그後에亂亡이서로繼ᄒᆞ고運祚가長치못ᄒᆞ고宋齊梁陳元魏以下ㅣ佛을事홈이漸謹ᄒᆞᄂᆞ年代가尤促ᄒᆞᆫ지라오쟉梁武帝가位에在ᄒᆞᆫ지四十八年에前後에세번身을捨ᄒᆞ야寺의家奴가되얏스되맛ᄎᆞᆷ니侯景에逼ᄒᆞᆫ바가되야臺城에셔饑死ᄒᆞ고國이ᄯᅩᄒᆞᆫ尋에滅ᄒᆞ니佛을事ᄒᆞ야福을求홈이이에다시禍를得ᄒᆞᆫ지라此로由ᄒᆞ야觀ᄒᆞᆫ건ᄃᆡ佛은足히信치못홈이ᄯᅩᄒᆞᆫ可히知ᄒᆞᆯ지라百姓이愚冥ᄒᆞ야惑ᄒᆞ기易ᄒᆞ고曉ᄒᆞ기難ᄒᆞ니진실로陛下ㅣ如此홈을見ᄒᆞ면다云ᄒᆞ되天子ᄂᆞᆫ大聖으로도오히려一心으로敬信ᄒᆞ거던百姓은微賤이라佛에읏지可히다시身命을惜ᄒᆞᆯ고ᄒᆞ리이다

佛本夷狄之人으로不知君臣之義와父子之恩ᄒᆞ니假如其身이尙在ᄒᆞ야來朝京師ᄒᆞ라도陛下ㅣ容而接之ᄒᆞ야不過宣政一見이오(釋義 宣政殿名)禮賓一設ᄒᆞ고賜衣一襲ᄒᆞ야衛而出之於境ᄒᆞ야不令惑衆也여ᄂᆞᆫ況其身이死已久ᄒᆞ니枯朽之骨을豈宜以入宮禁이리잇고乞以此骨로付有司ᄒᆞ야投諸水火ᄒᆞ야永絶根本ᄒᆞ야斷天下之疑ᄒᆞ고絶後代之惑ᄒᆞ야使天下之人으로知大聖人之所作爲ㅣ出於尋常萬萬也

면豈不聖哉리잇고 佛如有靈ᄒᆞ야 能作禍福이면 凡有殃咎ㅣ宜加臣身이니이다 上이 大怒ᄒᆞ야 出示宰相ᄒᆞ고 將加愈極刑ᄒᆞ니 裴度와 崔羣이 爲言호ᄃᆡ 愈ㅣ 雖狂이나 發於忠悃ᄒᆞ니 宜寬容ᄒᆞ야 以開言路ᄒᆞ니라 乃貶愈ᄒᆞ야 爲潮州刺史ᄒᆞ다

佛은本ᄃᆡ夷狄의人이라君臣의義와父子의恩을不知ᄒᆞ니가령그身이尙히在ᄒᆞ야京師에來朝ᄒᆞ드라도陛下ㅣ容ᄒᆞ야接ᄒᆞ야宣政에셔一見ᄒᆞ심에不過ᄒᆞᆯ지오禮賓을一設ᄒᆞ고衣一襲을賜ᄒᆞ야衛ᄒᆞ야境에出ᄒᆞ야ᄒᆞ여곰惑衆케아늘것이어늘ᄒᆞ믈며그身이死ᄒᆞᆷ이已久ᄒᆞ니枯朽ᄒᆞᆫ骨을읏지맛당이써宮禁에入ᄒᆞ리잇고빌건ᄃᆡ此骨로써有司에付ᄒᆞ야水火에投ᄒᆞ야永히根本을絶ᄒᆞ야天下의疑를斷ᄒᆞ고後代의惑을絶ᄒᆞ야天下의人으로ᄒᆞ야금大聖人에作ᄒᆞᆫ바ㅣ尋常萬萬에出ᄒᆞᆷ을知케ᄒᆞ면읏지聖이라아니잇고佛이만일靈이有ᄒᆞ야能히禍福을作ᄒᆞ면무릇殃咎ㅣ有ᄒᆞᆷ을맛당히臣의身에加ᄒᆞᆯ지니이다上이크게怒ᄒᆞ야宰相에게出示ᄒᆞ고장찻愈에게極刑을加ᄒᆞᆯ려ᄒᆞ니裵度와崔羣이言호ᄃᆡ愈가비록狂ᄒᆞ나忠悃에셔發ᄒᆞ엿스니맛당히寬容ᄒᆞ야써言路를開ᄒᆞ소셔이에愈를貶ᄒᆞ야潮州刺史를삼다

自戰國之世로 老莊이 與儒者로 爭衡ᄒᆞ야 更相是非러니 至漢末에

益之以佛이나然이나好者ㅣ尙寡라晉宋以來로日益繁熾하야自帝王으로至于士民히莫不尊信하야下者는畏慕罪福하고高者는論難空有호되獨愈ㅣ惡其蠹財惑衆하야（釋義蠹當故反虫食木爲蠹々財者言耗竭也）力排之라（出愈傳）

戰國의世로부터老莊이儒者로더부러衡을爭하야다시서로是非하더니漢末에至하미佛로써더하나그러하나好하는者ㅣ오히려寡한지라晉宋以來로날마다더繁熾하야帝王으로부터士民에至히尊信하지안는이가업서下者는罪福을畏慕하고高者는空有를論難호되홀로愈ㅣ그蠹財하고惑衆함을惡하야力으로排하더라

二月에李愬田弘正이屢敗李師道兵하니師道ㅣ聞官軍이侵逼하고發民治鄆州城塹하야（釋義鄆音運塹七艶反坑也遶城水）修守備할새役及婦人하니民이益懼且怨이러라都知兵馬使劉悟ㅣ勒兵捕師道與其二子하야斬之函首하야送弘正營한대（函匣也）弘正이大喜하야露布以聞하니淄靑等十二州ㅣ皆平하다自廣德以來로垂六十年에藩鎭이跋扈하야河南北三十餘州ㅣ自除官吏하야不供貢賦러니至是하야盡遵朝廷約

東러니라 上이命楊於陵ᄒᆞ야分李師道地ᄒᆞ니 於陵이 按圖籍ᄒᆞ야視土地遠邇ᄒᆞ고 計士馬衆寡ᄒᆞ고 校倉庫虛實ᄒᆞ야 分爲三道ᄒᆞ니 上이從之ᄒᆞ다 出藩鎭傳

二月에李愬와田弘正이여러번李師道의兵을敗ᄒᆞ니師道ㅣ官軍이侵逼홈을聞ᄒᆞ고民을發ᄒᆞ야鄆州城塹을治ᄒᆞ야守備를修홀ᄉᆡ役이婦人에게及ᄒᆞ니民이더옥懼ᄒᆞ고ᄯᅩ怨ᄒᆞᄃᆞ라都知兵馬使劉悟ㅣ兵을勒ᄒᆞ고師道와다못그二子를捕ᄒᆞ야斬ᄒᆞ야首를函ᄒᆞ야弘正의營에送ᄒᆞᆫᄃᆡ弘正이크게喜ᄒᆞ야露布ᄒᆞ야ᄡᅥ聞ᄒᆞ니淄靑等十二州ㅣ다平ᄒᆞ다廣德以來로브터六十年에垂ᄒᆞ미藩鎭이跋扈ᄒᆞ야河南北三十餘州ㅣᄉᆞᄉᆞ로官吏를除ᄒᆞ야貢賦를不供ᄒᆞ더니是에至ᄒᆞ야다朝廷의約束을遵ᄒᆞ더라上이楊於陵을命ᄒᆞ야李師道의地를分케ᄒᆞ니於陵이圖籍을按ᄒᆞ야土地의遠邇을視ᄒᆞ고士馬의衆寡를計ᄒᆞ고 倉庫의 虛實을校 ᄒᆞ야分 ᄒᆞ야三道를ᄒᆞ니上이從ᄒᆞ라

裴度ㅣ纂述蔡鄆用兵以來로 上之憂勤機略ᄒᆞ야因侍宴獻之ᄒᆞ다

裴度ㅣ蔡鄆用兵以來로上의憂勤機略를纂述ᄒᆞ야侍宴홈을因ᄒᆞ야獻ᄒᆞ다

橫海節度使烏重胤이 奏호ᄃᆡ 河朔藩鎭이 所以能旅拒朝命이
六十餘年者ᄂᆞᆫ 由州縣에 各置鎭將領事ᄒᆞ고 收刺史縣令之權
ᄒᆞ야 自作威福이니 曏使刺史로 各得行其職則雖有姦雄이 如安
史ㅣ나 必不能以一州로 獨反也라 臣所領德棣景三州를 已擧
牒ᄒᆞ야 各還刺史職事ᄒᆞ고 應在州兵은 並令刺史로 領之ᄒᆞ야지이다 夏四
月에 詔호ᄃᆡ 諸道節度都團練都防禦經略等使所統支郡을 並
令刺史로 領之ᄒᆞ라 自至德以來로 節度使ㅣ 權重이라 所統諸州에
各置鎭兵ᄒᆞ야 以大將으로 主之면 暴橫爲患故로 重胤이 論之니라 其
後에 河北諸鎭에 惟淮海ㅣ 最爲順命ᄒᆞ니 由重胤이 處置得宜故
也러라 (出重胤傳)

橫海節度使烏重胤이 奏호ᄃᆡ 河朔藩鎭이 能히 旅로써 朝命을 拒ᄒᆞᆫ바ㅣ 六十餘年인
者ᄂᆞᆫ 州縣에 各기 鎭將과 領事를 置ᄒᆞ고 刺史縣令의 權을 收ᄒᆞᆷ을 由ᄒᆞ야 스ᄉᆞ로 威福
을 作ᄒᆞᆷ이니 曏에 刺史로ᄒᆞ야금 各기 그 職을 行ᄒᆞᆷ을 得ᄒᆞᆫ則 비록 姦雄이 安史와 如ᄒᆞᆷ

이有ᄒᆞᄂᆞ반다시能히一州로써獨反치못ᄒᆞᆯ지라臣이領ᄒᆞᆫ바德棣景三州를이미牒을擧ᄒᆞ야各기刺史職事로還ᄒᆞ고應히잇ᄂᆞᆫ州兵은아울너刺史로ᄒᆞ야금領ᄒᆞ야지이다夏四月에詔ᄒᆞᄃᆡ諸道節度都團練都防禦經略等使所統支郡을並히刺史로ᄒᆞ야금領케ᄒᆞ라至德以來로부터節度使ㅣ權이重ᄒᆞᆫ지라所統諸州에各기鎭兵을置ᄒᆞ야大將으로써主ᄒᆞ야暴橫ᄒᆞ야患이되ᄂᆞᆫ故로重胤이論ᄒᆞ엿더니그後에河北諸鎭외오ᄌᆞᆨ淮海가가장命을順ᄒᆞ니重胤에處置得宜ᄒᆞᆷ을由ᄒᆞᆫ故이러라

裴度ㅣ在相位에知無不言ᄒᆞ니皇甫鎛之黨이陰擠之어늘(擠排也)詔度ᄒᆞ야以門下侍郞同平章事로充河東節度使ᄒᆞ다

裴度ㅣ相位에在ᄒᆞ미知ᄒᆞ고言치안음이無ᄒᆞ니皇甫鎛의黨이가만히擠ᄒᆞ거ᄂᆞᆯ度를詔ᄒᆞ야門下侍郞同平章事로河東節度使를充ᄒᆞ다

上이問宰相ᄒᆞᄃᆡ玄宗之政이先理後亂은何也오崔羣이對曰玄宗이用姚崇宋璟盧懷愼蘇頲韓休張九齡則理ᄒᆞ고用宇文融李林甫楊國忠則亂故로用人得失이所繫ㅣ非輕이라人皆以天寶十四年安祿山反으로爲亂之始ᄒᆞ라되臣은獨以開元二

十四年에 罷張九齡相ᄒᆞ고 專任李林甫로 此ㅣ理亂之所分也ㅣ니ᄒᆞ노 願陛下ᄂᆞᆫ 以開元初로 爲法ᄒᆞ고 以天寶末로 爲戒면 乃社稷無疆之福이니이다 皇甫鎛이 深恨之러라

上이 宰相더러 問호ᄃᆡ 玄宗의 政이 先은 理ᄒᆞ고 後ᄂᆞᆫ 亂홈은 何인고 崔群이 對ᄒᆞ야 曰 玄宗이 姚崇과 宋璟과 盧懷愼과 蘇頲과 韓休와 張九齡을 用ᄒᆞᆫ즉 理ᄒᆞ고 宇文融과 李林甫와 楊國忠을 用ᄒᆞᆫ즉 亂ᄒᆞᆫ 故로 用人의 得失이 繫ᄒᆞᆫ 비 輕치 아니ᄒᆞᆫ지라 人이 다 天寶十四年에 安祿山이 反홈으로써 亂의 始라 호ᄃᆡ 臣은 홀노 開元二十四年에 張九齡의 相을 罷ᄒᆞ고 李林甫를 專任홈으로써 此ㅣ 理와 亂의 分ᄒᆞᆫ 바라 ᄒᆞ노니 願컨ᄃᆡ 陛下ᄂᆞᆫ 開元初로써 法을 ᄒᆞ고 天寶末로써 戒를 ᄒᆞ면 이에 社稷無疆의 福이니이다 皇甫鎛이 깁히 恨ᄒᆞ더라

上이 服柳泌藥ᄒᆞ고 日加躁渴이러라

上이 柳泌의 藥을 服ᄒᆞ고 日로 躁渴이 더ᄒᆞ더라

(庚子)十五年이라 春正月初에 左軍中尉吐突承璀이 謀立澧王惲ᄒᆞ야 爲太子어ᄂᆞᆯ 上이 不許ᄒᆞ다 上이 服金丹ᄒᆞ고 多躁怒ᄒᆞ니 左右宦

官이往往獲罪ᄒᆞ고 有死者ᄒᆞ니 人人니自危러라 庚子에暴崩於中和
殿ᄒᆞ니 時人이皆言內常侍陳弘志ㅣ弑逆이라ᄒᆞ되 其黨類ㅣ諱之ᄒᆞ야不
敢討賊ᄒᆞ고 但云藥發이라ᄒᆞ니 外人이莫能明也러니 中尉梁守謙王守
澄等이共立太子ᄒᆞ고殺吐突承璀及澧王惲ᄒᆞ다 閏月에穆宗이即
位于太極殿ᄒᆞ고 貶皇甫鎛爲崖州司戶ᄒᆞ니 市井이皆相賀ᄒᆞ고杖
殺柳泌ᄒᆞ고餘方士ᄂᆞᆫ皆流嶺表ᄒᆞ다

十五年니라春正月初에左軍中尉吐突承璀이澧王惲을立ᄒᆞ야太子삼기를謀ᄒᆞ거늘上이許지안타上이金丹을服ᄒᆞ미躁怒가多ᄒᆞ야左右宦官이往往히罪를獲ᄒᆞ고死ᄒᆞᆫ者ㅣ有ᄒᆞ니人人이스ᄉᆞ로危ᄒᆞ더라庚子에中和殿에셔暴崩ᄒᆞ니時人이다言호ᄃᆡ內常侍陳弘志가弑逆ᄒᆞ엿다호ᄃᆡ그黨類ㅣ諱ᄒᆞ야敢히討賊지못ᄒᆞ고다만藥發이라云ᄒᆞ니外人이能히明치못ᄒᆞ더니中尉梁守謙과王守澄等이共히太子를立ᄒᆞ고吐突承璀과밋澧王惲을殺ᄒᆞ다閏月에穆宗이太極殿에셔即位ᄒᆞ고皇甫鎛을貶ᄒᆞ야崖州司戶를삼으니市井이다셔로賀ᄒᆞ고柳泌을杖殺ᄒᆞ고餘方士ᄂᆞᆫ다嶺表에流ᄒᆞ다

上이見夏州觀察判官柳公權書跡ᄒᆞ고愛之ᄒᆞ야以公權으로爲右拾遺翰林學士ᄒᆞ고上이問公權호ᄃᆡ卿書ㅣ何能如是之善고對曰用筆은在心ᄒᆞ니心正則筆正이니이다上이默然改容ᄒᆞ고知其以筆로諫也러라

上이夏州觀察判官柳公權의書跡을見ᄒᆞ고愛ᄒᆞ야公權으로써右拾遺翰林學士를삼고上이公權더러問호ᄃᆡ卿의書가엇지ᄒᆞ야이갓치善ᄒᆞ고對ᄒᆞ야曰筆을用ᄒᆞᆷ은心에在ᄒᆞ니心이正ᄒᆞ면筆도正ᄒᆞ니이다上이默然히容을改ᄒᆞ고그筆로써諫ᄒᆞᆷ을知ᄒᆞ더라

上이甫過公制에(王氏曰公除謂己成服除之以從公家之事不待終制也)即事游畋聲色ᄒᆞ야賜與ㅣ無節이러라

上이겨우公制를過ᄒᆞ미곳遊畋과聲色을事ᄒᆞ야賜與ᄒᆞᆷ이節이無ᄒᆞ더라

丁酉徃亡立春後七日驚蟄後十四日清明後二十一日立夏後八日芒種後十六日小暑後二十四日立秋後九日白露後十八日寒露後二十七日立冬後十日大雪後二十日小寒後三十日也又正寅二巳三申四亥五卯六午七酉八子九辰十未十一戌十二丑也

# 唐紀

## 穆宗 名恒憲宗第二子 在位四年 壽三十 蒙己成之業而不能保由是再失河朔迄于唐亡不能復取

(辛丑)長慶元年이라 翰林學士李德裕는 吉甫之子也라 以中書舍人李宗閔이 嘗對策에 譏切其父로 恨之ᄒᆞ고 宗閔이 又與翰林學士元稹으로 爭進取有隙ᄒᆞ니 自是로 德裕宗閔이 各分朋黨ᄒᆞ야 更相傾軋이 垂四十年이러라 傾陷也軋乙黠反以勢相傾也

長慶元年이라 翰林學士李德裕는 吉甫의 子라 中書舍人李宗閔이 일즉 策을 對ᄒᆞ미 其父를 譏切ᄒᆞᆷ으로써 恨ᄒᆞ고 宗閔이 ᄯᅩ 翰林學士元稹으로 더브러 進取를 爭ᄒᆞ다가 隙이 有ᄒᆞ니 自是로 德裕와 宗閔이 各기 朋黨을 分ᄒᆞ야 다시셔로 傾軋ᄒᆞᆷ이 四十年을 垂ᄒᆞ더라

幽州軍士ㅣ 作亂ᄒᆞ야 囚節度使張弘靖ᄒᆞ고 推朱克融ᄒᆞ야 留後ᄒᆞ다

幽州軍士ㅣ 亂을 作ᄒᆞ야 節度使張弘靖을 囚ᄒᆞ고 朱克融을 推ᄒᆞ야 留後ᄒᆞ다

成德兵馬使王庭湊ㅣ 殺節度使田弘正ᄒᆞ고 自稱留後ᄒᆞ다

成德兵馬使王庭湊ㅣ 節度使田弘正을 殺ᄒᆞ고 스ᄉᆞ로 留後라 稱ᄒᆞ다

禁滯積及出塞言積流於富家入四夷

蕭俛音免

自定兩稅法以來로錢이日重ᄒ고物이日輕ᄒ야民所輸ㅣ三倍其初라詔百官ᄒ야議革其弊ᄒ니戶部尙書楊於陵이以爲錢者ᄂ所以權百貨라貿遷有無ᄒ니所宜流散이오不應蓄聚라今宜使天下輸稅課者로皆用穀帛ᄒ고廣鑄錢而禁滯積及出塞者則錢日滋矣리이다朝廷이從之ᄒ야始令兩稅로皆輸布絲纊ᄒ고獨塩酒課ᄂ用錢ᄒ다

兩稅法을定홈으로브터써來홈으로錢이日로重ᄒ고物이日로輕ᄒ야民이輸ᄒᄂ바ㅣ其初보다三倍라百官의게詔ᄒ야其弊를革ᄒ기議ᄒ니戶部尙書楊於陵이써ᄒ되錢이란者ᄂ써百貨를權ᄒᄂ바라有無를貿遷ᄒ니宜히流散홀바이오蓄聚를應치말지라今에맛당이天下에稅課를輸ᄒᄂ者로ᄒ야금다穀帛을用ᄒ게ᄒ고廣히錢을鑄ᄒ야滯積과밋出塞者를禁ᄒ즉錢이日로滋ᄒ리이다朝廷이從ᄒ야비로소兩稅로ᄒ야금다布絲纊을輸ᄒ고獨히塩酒에만錢을用ᄒ다

(壬寅)二年이라春에上이初即位也에兩河略定이라蕭俛과段文昌이以爲天下ㅣ已太平ᄒ니漸宜鎖兵이라ᄒ야請密詔ᄒ야天下軍鎭有兵

逃死或以
逃或以死
除其籍

處에 每歲百人中에 限八人逃死ᄒᆞ야 上이 方荒宴ᄒᆞ고 不以國事
로 爲意러라 遂可其奏ᄒᆞ니 軍士ㅣ 落籍者ㅣ 衆ᄒᆞ야 皆聚山澤爲盜러니 及
朱克融王庭湊ㅣ 作亂에 一呼而亡卒이 皆集이어늘 詔徵諸道ᄒᆞ야
討之ᄒᆞ니 諸道兵이 旣少ᄒᆞ고 皆臨時에 招募烏合之衆故로 每戰에
多敗ᄒᆞ고 又凡用兵擧動을 皆自禁中으로 授以方略이나 朝令夕改ᄒᆞ니
不知所從ᄒᆞ고 不度可否故로 雖以諸道十五萬之衆과 裴度元
臣宿望과 烏重胤李光顔이 皆當時名將으로 討幽鎭萬餘之
衆ᄒᆞ야 屯守踰年호ᄃᆡ 竟無成功ᄒᆞ고 財竭力盡ᄒᆞ고 崔植杜元穎王播
ㅣ 爲相에 皆庸才無遠略이라 史憲誠이 旣逼殺田布에 朝廷이 不
能討ᄒᆞ고 遂幷朱克融王庭湊ᄒᆞ야 以節鉞로 授之ᄒᆞ니 由是로 再失河
朔ᄒᆞ야 訖于唐亡에 不能復取러라

二年이라 春에 上이 처음으로 位에 卽ᄒᆞ미 兩河ㅣ ᄃᆡ강 定ᄒᆞᆫ지라 蕭俛과 段文昌이 써

호되天下가이미太平ᄒᆞ니졈졈맛당이兵을銷ᄒᆞᆯ지라請컨ᄃᆡ密詔ᄒᆞ야天下軍鎭에兵이有ᄒᆞᆫ處에每歲에百人中에써八人의逃死ᄅᆞᆯ限ᄒᆞ야지이다上이바야흐로荒宴ᄒᆞ고國事로써意치안는지라드듸여그奏ᄅᆞᆯ可라ᄒᆞ니軍士ㅣ籍에落ᄒᆞᆫ者ㅣ衆ᄒᆞ야다山澤에聚ᄒᆞ야盜가되더니밋朱克融王庭湊ㅣ亂을作ᄒᆞ미ᄒᆞᆫ번呼ᄒᆞᆷ이亡卒이다集ᄒᆞ거ᄂᆞᆯ諸道에詔徵ᄒᆞ야討ᄒᆞ니諸道兵이이미少ᄒᆞ고다臨時에烏合의衆을招募ᄒᆞᆫ故로미양戰ᄒᆞ미마니敗ᄒᆞ고ᄯᅩ무릇用兵ᄒᆞᄂᆞᆫ擧動을다禁中으로봇허써方略을授ᄒᆞᄂᆞ朝에令ᄒᆞ고夕에改ᄒᆞ니從ᄒᆞᆯ바ᄅᆞᆯ知치못ᄒᆞ고可否을度치못ᄒᆞᄂᆞᆫ故로비록諸道十五萬衆과裴度의元臣宿望과烏重胤李光顔이다當時名將으로도幽鎭萬餘의衆을討ᄒᆞ야屯守ㅣ年이踰ᄒᆞ되맛ᄎᆞᆷ내功을成ᄒᆞᆷ이無ᄒᆞ고財가竭ᄒᆞ고力이盡ᄒᆞ고崔植과杜元穎와王播ㅣ相이되미다庸ᄒᆞᆫ才오遠略이無ᄒᆞᆫ지라史憲誠이이미田布ᄅᆞᆯ逼殺ᄒᆞᆷ에朝廷이能히討치못ᄒᆞ고드듸여朱克融과王庭湊ᄅᆞᆯ幷ᄒᆞ야節鉞로써授ᄒᆞ니由是로두번河朔을失ᄒᆞ야唐이亡ᄒᆞᆷ에訖ᄒᆞ기能히다시取ᄒᆞ지못ᄒᆞ더라

(癸卯)三年이라以牛僧孺로爲中書侍郎同平章事ᄒᆞ다時에僧孺ㅣ與李德裕로皆有入相之望이러니德裕ㅣ出爲浙西觀察使ᄒᆞ야八年不遷은以爲李逢吉이排己라ᄒᆞ고引僧孺爲相ᄒᆞ니由是로牛

**李之怨이 愈深니라**

三年이라牛僧孺로써中書侍郞同平章事를숨다時에僧孺ㅣ李德裕로더부러다入相홀望이有ᄒᆞ더니德裕ㅣ出ᄒᆞ야浙西觀察使가되야八年을遷치못홈은써李逢吉니己를排홈이라ᄒᆞ야僧孺를引ᄒᆞ야相을숨으니由是로牛와李의怨이愈히深ᄒᆞ더라

**五月에 以尙書左丞柳公綽으로 爲山南東道節度使ᄒᆞ다 公綽이 過鄧縣ᄒᆞ니 有二吏ㅣ 一犯贓 一舞文이라**(釋義舞文謂舞弄文法也) **衆이 謂公綽ᄒᆞ되 必殺犯贓者ㅣ라ᄒᆞ야늘 公綽이 判曰贓吏ㅣ犯法은 法在와어니 奸吏亂法은 法亡이라ᄒᆞ고 竟誅舞文者ᄒᆞ다**

五月에尙書左丞柳公綽으로써山南東道節度使을숨다公綽이鄧縣에過ᄒᆞ니二吏가一은贓을犯ᄒᆞ고一은文을舞홈이有ᄒᆞᆫ지라衆이公綽더러謂호ᄃᆡ반다시贓을犯ᄒᆞᆫ者를殺ᄒᆞ라ᄒᆞ야늘公綽이判ᄒᆞ야曰贓吏ㅣ法을犯홈은法이在ᄒᆞ거니와奸吏ㅣ法을亂홈은法이亡홈이라ᄒᆞ고맛ᄎᆞᆷ니舞文ᄒᆞᆫ者를誅ᄒᆞ다

**(甲辰)四年이라 春初에 柳泌等이 既誅에 方士ㅣ 稍復因左右ᄒᆞ야 以**

進上ᄒᆞ야餌其金石之藥이어늘 有處士張臯者ㅣ上疏ᄒᆞ야以爲神慮
澹則血氣ㅣ和ᄒᆞ고嗜慾勝則疾疹이作ᄒᆞᄂᆞ니 藥以攻疾이오 無疾이면不
可餌也라先帝ㅣ言方士妄言ᄒᆞ야 餌藥致疾ᄒᆞ니이라豈得復循其覆
轍乎잇가上이崩ᄒᆞ니敬宗이 即位ᄒᆞ다 上이視朝每晏이어늘 左拾遺劉棲
楚ㅣ進言曰陛下ㅣ即位之初에 當宵衣求理어늘 釋義宵夜也天子憂勤當未明求衣旦反而食
而嗜寢樂色ᄒᆞ야日晏方起ᄒᆞ고梓宮在殯ᄒᆞ되鼓吹日喧ᄒᆞ니 釋義吹尺爲反音律管壎之樂
令聞이未彰ᄒᆞ고 釋義聞音問聲所至也 惡聲이遐布라 臣은恐福祚之不長ᄒᆞᄂᆞ니請
碎首王階ᄒᆞ야以謝諫職之曠이라ᄒᆞ고遂以額으로叩龍墀ᄒᆞ야見血不已
어늘上이命中事ᄒᆞ야宣慰令歸ᄒᆞ다

四年이라春初에柳泌이이미誅홈에方士ㅣ점々다시左右를因ᄒᆞ야써上에게그金
石의藥으로進ᄒᆞ야餌ᄒᆞ거늘處士張臯라ᄒᆞᄂᆞᆫ者ㅣ有ᄒᆞ야跪를上ᄒᆞ야써ᄒᆞ되神慮
가澹ᄒᆞᆫ則血氣가和ᄒᆞ고嗜慾이勝ᄒᆞᆫ則疾疹이作ᄒᆞᄂᆞ니藥은써疾을攻홈이오疾이
無ᄒᆞ면可히餌치못ᄒᆞᆯ지라先帝ㅣ言호ᄃᆡ方士ㅣ妄言ᄒᆞ야餌藥으로疾을致ᄒᆞᆫ다ᄒᆞ

시니웃지시러금다시그覆轍을循ᄒᆞ리잇가上이崩ᄒᆞ니敬宗이位에即ᄒᆞ다上이朝를視홈에미양晏ᄒᆞ거늘左拾遺劉栖楚言을進ᄒᆞ야日陛下ㅣ位을卽ᄒᆞᆫ初에맛당이宵에衣ᄒᆞ야理를求ᄒᆞ겟거늘樂과色에嗜寢ᄒᆞ야日이晏ᄒᆞ미바야로起ᄒᆞ고梓宮이在殯에鼓吹가날마다喧ᄒᆞ니令聞이彰치못ᄒᆞ고惡聲이遐히布ᄒᆞᆫ지라臣은福祚가長치못ᄒᆞᆯ가恐ᄒᆞ노니請컨ᄃᆡ首를王階에碎ᄒᆞ야써諫職의曠홈을謝ᄒᆞ겟다ᄒᆞ고ᄃᆞ듸여額으로써龍墀에叩ᄒᆞ야血이見호ᄃᆡ已치아니ᄒᆞ거늘上이中使를命ᄒᆞ야宣慰ᄒᆞ야ᄒᆞ야금歸케ᄒᆞ다

時에李逢吉이用事ᄒᆞ니所親厚者는張又新李仲言李續之李虞劉栖楚姜洽及張權輿程昔範이오又有從而附麗之者ᄒᆞ니（釋義）附依也麗著也 時人이目之爲八關十六子러라 釋義王氏曰按逢吉傳注得幸於王守澄逢吉遣從子訓賂注結守澄爲奧援自是肆志無所憚其黨有張又新李續之張權輿劉栖楚李虞程昔範姜洽及訓八人而傳會者又八人皆任要劇故號八關十六子有所求請先賂子後達逢吉無不得所欲也 冬十月에夏綏節度使李祐ㅣ入爲左金吾大將軍ᄒᆞ야進馬百五十四이어늘上이却之ᄒᆞᆫᄃᆡ侍御史溫造ㅣ於閤內에奏彈호ᄃᆡ祐ㅣ違敕進奉ᄒᆞ니請論如法ᄒᆞ소셔詔釋之ᄒᆞ다祐ㅣ謂人日吾ㅣ夜半에入蔡州城ᄒᆞ야取吳元濟

호되 未嘗心動이러니今日에膽落於溫御史矣로다

時에李逢吉이事를用호니親호고厚호바人者는張又新李仲言李續之李虞劉栖楚姜洽과밋張權輿程昔範이오또從호야附麗호는者ㅣ有호니時人이目호되八關十六子라호더라冬十月에夏綏節度使李祐ㅣ드러와左金吾大將軍에되야馬百五十匹을進호거늘上이却호되侍御史溫造ㅣ閤內에서奏彈호되祐ㅣ敕을違호고進奉호니請컨되論호야法과如히호소서詔호야釋호다祐ㅣ人더러謂호야曰吾ㅣ夜半에蔡州城에入호야吳元濟를取호되일즉心이動치안터니今日에膽이溫御史에게落호엿도다

敬宗 名湛穆宗長子 昏惰失德自殞其身 在位二年 壽十八

(乙巳)寶曆元年이라上이遊幸無常호고昵比羣小호야 昵女刀反比皮至反昵覩通也比朋比也 視朝조月不再三이니大臣이罕得進見이라二月에浙西觀察使李德裕ㅣ獻丹扆六箴호니 扆狀如屛風以絳爲質故曰丹扆箴諫誨之辭古者君有過臣子作箴以戒之如庭燎之詩是也 一曰宵衣니以諷視朝稀晩이오二曰正服이니以諷服御乖異요三曰罷獻이니以

諷徵求玩好요 四曰納誨니以諷侮棄讜言이요 五曰辨邪니以諷信任羣小요 六曰防微니以諷輕出遊幸이라 上이優詔答之ᄒᆞ다

寶曆元年이라正月에上이遊幸ᄒᆞ기를無常히ᄒᆞ고羣小를昵比ᄒᆞ야朝를視홈을月에再三을아니ᄒᆞ니大臣이進見을得ᄒᆞ기罕ᄒᆞᆫ지라三月에浙西觀察使李德裕ㅣ丹扆六箴을獻ᄒᆞ니一曰宵衣ㅣ니써視朝稀晩을諷홈이요二曰正服이니써服御乖異홈을諷홈이요三曰罷獻이니써徵求玩好를諷홈이요四曰納誨ㅣ니써侮棄讜言을諷홈이요五曰辨邪ㅣ니信任羣小를諷홈이요六曰防微ㅣ니써輕出遊幸을諷홈이라上이優詔로答ᄒᆞ다

(丙午)二年이라春正月에 裴度ㅣ自興元으로入朝어늘 以度로爲司空同平章事ᄒᆞ다度ㅣ在中書에 左右ㅣ忽白失印ᄒᆞ니聞者ㅣ失色호ᄃᆡ度ㅣ飮酒自如러니頃之요左右ㅣ白호ᄃᆡ復於故處에得印이라ᄒᆞ니 度ㅣ不應이여늘或이問其故ᄒᆞᆫᄃᆡ度 曰此는必吏人이盜之ᄒᆞ야以印書券耳니 急則投諸水火요緩之則復還故處라ᄒᆞ니人이服其識量이러라

二年이라春正月에裴度ㅣ興元으로브터入朝ᄒᆞ거늘度로써司空同平章事를숨다

書券券契也

度ㅣ中書에在ᄒᆞ미左右ㅣ忽然히白호ᄃᆡ印을失ᄒᆞ엿다ᄒᆞ니聞者ㅣ色을失호ᄃᆡ度
ㅣ飮酒ᄒᆞ기를自如ᄒᆞ더니頃之요左右ㅣ白호ᄃᆡ다시故處에셔印을得ᄒᆞ엿다ᄒᆞ니
度ㅣ應치안커늘或이그연고를問ᄒᆞᆫᄃᆡ度ㅣ曰此ᄂᆞᆫ반다시吏人이盜ᄒᆞ야써書劵에
印홈인니急히ᄒᆞ죽水火에投ᄒᆞᆯ거시오緩ᄒᆞ죽다시故處에還ᄒᆞᆯ지라人이그識量을
服ᄒᆞ더라

上이遊戲無度ᄒᆞ고狎暱羣小ᄒᆞ야善擊毬好手搏ᄒᆞ고性復褊急ᄒᆞ야宦
官이小過면動遭捶撻ᄒᆞ니皆怨且懼러라

上이遊戲ᄒᆞ기를度가無히ᄒᆞ고羣小를狎暱ᄒᆞ야擊毬를善히ᄒᆞ고手搏ᄒᆞ기를好ᄒᆞ
고性이다시褊急ᄒᆞ야宦官이小過면捶撻을動遭ᄒᆞ니다怨ᄒᆞ고또懼ᄒᆞ더라

十二月辛丑에上이夜獵還宮ᄒᆞ야與宦官劉克明及擊毬軍將
蘇佐明等二十八人으로飮酒ᄒᆞᆯ서上이酒酣ᄒᆞ야入室更衣러니殿上에
燭이忽滅이다蘇佐明等이弑上於室內ᄒᆞ고矯稱上旨ᄒᆞ야以絳王悟
로權句當軍國事ᄒᆞ어늘知樞密王守澄이以衛兵으로迎江王涵ᄒᆞ야立
之ᄒᆞ니是爲文宗이라

兩朝穆敬也

奇日隻也唐制天子以隻日視朝也

十二月辛丑에上이夜獵ᄒᆞ고宮에還ᄒᆞ야宦官劉克明과밋擊毬軍將蘇佐明等二十八人으로더부러飮酒ᄒᆞᆯ식上이酒ㅣ酣ᄒᆞ야室에入ᄒᆞ야衣를更ᄒᆞ더니殿上에燭이忽滅ᄒᆞᄂᆞᆫ지라蘇佐明等이上을內室에셔弑ᄒᆞ고上旨를矯稱ᄒᆞ야絳王悟로軍國事을權으로句當케ᄒᆞ거ᄂᆞᆯ知樞密王守澄이衛兵으로써江王涵을迎ᄒᆞ야立ᄒᆞ니이文宗이되더라

**上이自爲諸王으로深知兩朝之弊러니及卽位에勵精求治ᄒᆞ야去奢從儉이라詔ᄒᆞ야宮女ㅣ非有職掌者면皆出之ᄒᆞᆯ셔出三千餘人ᄒᆞ고五坊鷹犬을準元和故事ᄒᆞ야量留校獵外에悉放之ᄒᆞ다敬宗之世에每月視朝ㅣ不過一二러니上이復舊制ᄒᆞ야每奇日에未嘗不視朝ᄒᆞ니中外ㅣ翕然相賀ᄒᆞ야以爲太平을可冀라ᄒᆞ더라**

上이諸王이되얏슴으로브터깁히兩朝의弊를知ᄒᆞ더니밋位에卽ᄒᆞ미精을勵ᄒᆞ고治를求ᄒᆞ야奢를去ᄒᆞ고儉을從ᄒᆞᄂᆞᆫ지라詔ᄒᆞ야宮女ㅣ職掌ᄒᆞᆫ者ㅣ有치아니ᄒᆞ면다出ᄒᆞᆯ식三千餘人을出ᄒᆞ고五坊鷹犬을元和故事를準ᄒᆞ야校獵를量留ᄒᆞᆫ外에는다放ᄒᆞ고敬宗의世에每月視朝ㅣ一二에不過ᄒᆞ더니上이舊制를復ᄒᆞ야미양奇日에未嘗不視朝ᄒᆞ니中外가翕然이셔로賀ᄒᆞ야써ᄒᆞ되太平을可冀라ᄒᆞ더다

文宗(更名昂穆宗第二子 優游不斷受制家臣雖有好賢之心文雅之美皆不足稱也) 在位十四年 壽三十三

(戊申)太和二年이라 自元和之末로 宦官이 益橫ᄒᆞ야 建置天子를 在其掌握ᄒᆞ야 威權이 出人主之右ᄒᆞ되 人莫敢言이러니 三月에 上이 親策制ᄒᆞ야 擧人賢良方正ᄒᆞᆯ서 昌平劉蕡ㅣ 對策ᄒᆞ야 極言其禍ᄒᆞ니 其畧에 曰陛下ㅣ 宜先憂者는 宮闈ㅣ 將變ᄒᆞ고 社稷이 將危ᄒᆞ니 天下ㅣ 將傾이요 海內ㅣ 將亂이라ᄒᆞ고 又曰陛下ㅣ 將杜簒弑之漸則居正位而近正人ᄒᆞ야 遠刀鋸之賤ᄒᆞ시고(遠去聲疎遠之也刀鋸之賤謂宦官刑餘之人也曲禮曰刑人不在君側公羊傳襄二十九年君子不近刑人近刑人輕死之道也晉世家宦官者履鞮曰臣刀鋸之餘是已) 親骨鯁之直ᄒᆞ야 輔相이 得以專其任ᄒᆞ고 庶職이 得以守其官이어ᄂᆞᆯ 奈何以褻近五六人으로 總天下大政이시고 禍稔蕭墻ᄒᆞ고 姦生帷幄ᄒᆞ니 臣은 恐曹節侯覽이 復生於今日가ᄒᆞ노이다(曹節侯覽二人皆桓靈時宦者並專橫貪放) 又曰忠賢은 無腹心之寄ᄒᆞ고 閽寺는 持廢立之權ᄒᆞ야 陷先君ᄒᆞ야 不

得正其終ᄒᆞ고致陛下로不得正其始라ᄒᆞ고又曰陛下ㅣ何不塞陰
邪之路ᄒᆞ시고屛䙡狎之臣ᄒᆞ야制侵陵迫脅之心ᄒᆞ시고復門戶掃除
役ᄒᆞ야（唐初大常定制內侍省不置三品官不任以事惟門閤守衛庭內掃除黃衣廩食而己）戒其所宜戒ᄒᆞ시고憂其所宜憂니잇고
考官馮宿等이見劉蕡策ᄒᆞ고皆歎服而畏宦官ᄒᆞ야不敢取라며詔
下에物論이囂然稱屈이어늘李郃이曰劉蕡ㅣ下第ᄒᆞ고我輩ㅣ登科는
能無厚顔가乃上疏ᄒᆞ야以爲蕡所對策은漢魏以來로無與爲
比ㅣ니乞回臣所授ᄒᆞ야以旌蕡直ᄒᆞ소서不報ᄒᆞ다

大和二年이라元和末로붓허宦官이益橫ᄒᆞ야天子를建置ᄒᆞ기를그掌握中에在ᄒᆞ
야威權이人主의右에出호ᄃᆡ人이敢히言ᄒᆞ치못ᄒᆞ더니三月에上이親이策을制ᄒᆞ
야賢良方正ᄒᆞᆫ人을擧ᄒᆞᆯ시昌平劉蕡ㅣ策을對ᄒᆞ야極히그禍를言ᄒᆞ니其畧에曰陛
下ㅣ맛당이먼져憂ᄒᆞᆯ者는宮闈ㅣ장ᄎᆞᆺ變ᄒᆞ고社稷이장ᄎᆞᆺ危ᄒᆞ니天下ㅣ장ᄎᆞᆺ傾ᄒᆞ
고海內ㅣ장ᄎᆞᆺ亂ᄒᆞ리이다ᄒᆞ고又曰陛下ㅣ장ᄎᆞᆺ簒弑의漸을杜ᄒᆞ신즉正位에居ᄒᆞ
야正人을近ᄒᆞ시고刀鋸의賤을遠ᄒᆞ시고骨鯁의直을親ᄒᆞ야輔相이써專任을得ᄒᆞ
고庶職이써그官守홈을得케ᄒᆞᆯ것거늘웃지ᄒᆞ야五六人을褻近홈으로써天下大政

을總ᄒᆞ시나잇고禍가蕭墻의셔稔ᄒᆞ고姦이帷幄에셔生ᄒᆞ니臣은恐ᄒᆞ건ᄃᆡ曹節侯覽이今日에다시生ᄒᆞ엿다ᄒᆞ노이다또ᄀᆞᆯ오ᄃᆡ忠賢이腹心의寄홈이無ᄒᆞ고閽寺ᄂᆞᆫ廢立의權을持ᄒᆞ야先君을陷ᄒᆞ야시러곰終을正치못ᄒᆞ고陛下로시러금그始를正치못홈에致ᄒᆞ엿다ᄒᆞ고또ᄀᆞᆯ으ᄃᆡ陛下ㅣ엇지ᄒᆞ야陰邪의路를塞ᄒᆞ지아니ᄒᆞ시고褻狎의臣을屛ᄒᆞ야侵陵迫脅의心을制ᄒᆞ시고門戶掃除의役을復ᄒᆞ야그宜戒ᄒᆞ실바를戒ᄒᆞ시고그宜憂ᄒᆞᆯ바를憂치안나잇고考官馮宿等이劉蕡策을見ᄒᆞ고다歎服ᄒᆞᄂᆞ宦官을畏ᄒᆞ야敢히取치못ᄒᆞ더라詔을下ᄒᆞ미物論이囂然히稱屈ᄒᆞ거ᄂᆞᆯ李郃이日劉蕡ㅣ第에下ᄒᆞ고我輩가科에登홈은能이厚顔이無ᄒᆞᆫ가이에跡를上ᄒᆞ야써ᄒᆞ되蕡의對策ᄒᆞᆫ바ᄂᆞᆫ漢魏써來홈으로더부러比ᄒᆞᆯ슈가읍ᄉᆞ니빌건ᄃᆡ臣에授ᄒᆞᆫ바을回ᄒᆞ야써蕡의直을旌ᄒᆞ소셔不報ᄒᆞ다

(庚戌)四年이라正月에李宗閔이引薦牛僧孺ᄒᆞ야同平章事ᄒᆞ다於是에二人이相與排擯李德裕之黨ᄒᆞ야稍稍逐之러라

四年이라正月에李宗閔이牛僧孺를薦ᄒᆞ야平章事를同히ᄒᆞ다是에二人셔로더부러李德裕의黨을排擯ᄒᆞ야점점逐ᄒᆞ더라

(辛亥)五年이라上이與宋申錫으로謀誅宦官ᄒᆞ서申錫이引吏部侍

鄭王璠ᄒᆞ야 反(手爰)爲京兆尹ᄒᆞ고 以密旨로 諭之ᄒᆞ니 璠이 泄其謀ᄒᆞ니 鄭注王守澄이 知之ᄒᆞ고 誣告申錫이 謀立漳王니라ᄒᆞ야늘 貶申錫爲開州司馬러니 申錫이 竟卒於貶所ᄒᆞ다

五年이라上이宋申錫으로더부러宦官을誅ᄒᆞ기를謀ᄒᆞ실ᄉᆡ申錫이吏部侍郞王璠을引ᄒᆞ야京兆尹을삼고密旨로써諭ᄒᆞ엿더니璠이그謀를泄ᄒᆞ니鄭注와王守澄이알고誣告호ᄃᆡ申錫이漳王을謀立ᄒᆞᆫ다ᄒᆞ야늘申錫을貶ᄒᆞ야開州司馬를삼엇더니申錫이맛ᄎᆞᆷ내貶所에서卒ᄒᆞ다

西川節度使李德裕ㅣ 奏ᄒᆞᄃᆡ 吐蕃維州副使悉怛謀ㅣ 請降이어늘 己遣兵入據其城ᄒᆞ고 具奏其狀ᄒᆞ고 且陳出師之利ᄒᆞ노이다 事下尙書省ᄒᆞ야 集百官議ᄒᆞ니 皆請如德裕策ᄒᆞᄃᆡ 牛僧孺ㅣ 曰比來에 修好ᄒᆞ야 約罷戍兵ᄒᆞ니 中國禦戎은 守信이 爲上이니다 上이 以爲然ᄒᆞ야 詔德裕ᄒᆞ야 以其城으로 歸吐蕃ᄒᆞ고 執悉怛謀及所與偕來者ᄒᆞ야 悉歸之ᄒᆞᆫᄃᆡ 吐蕃이 盡誅之於境上ᄒᆞ니 極其慘酷이라 德裕ㅣ 由是로 怨僧孺益

深이러라

西川節度使李德裕ㅣ奏ᄒᆞᄃᆡ吐蕃維州副使悉怛謀ㅣ降을請ᄒᆞ거ᄂᆞᆯ이미兵을遣ᄒᆞ야드라가그城에據ᄒᆞ고갓초어그狀을奏ᄒᆞ고ᄯᅩ出師의利를陳ᄒᆞ노이다事를尙書省에下ᄒᆞ야百官을集ᄒᆞ야議ᄒᆞ니다請ᄒᆞᆷ이德裕의策과갓되牛僧孺ㅣ曰比來에好를修ᄒᆞ야戍兵을約罷ᄒᆞ니中國이戎을禦ᄒᆞᆷ은信을守ᄒᆞᆷ이上이될지니이다上이써然히여겨德裕을詔ᄒᆞ야그城으로써吐蕃에歸ᄒᆞ고悉怛謀와밋더부러ᄒᆞᆫ가지來ᄒᆞᆫ者를執ᄒᆞ야다歸ᄒᆞᆫᄃᆡ吐蕃이다境上에서誅ᄒᆞ니極히그慘酷ᄒᆞᆫ지라德裕ㅣ由是로僧孺를怨ᄒᆞ미益深ᄒᆞ더라

(壬子)六年이라十二月에以段文昌으로爲西川節度使ᄒᆞ다西川監軍王踐言이入知樞密ᄒᆞ야數爲上言ᄒᆞᄃᆡ縛送悉怛謀ᄒᆞ야以快虜心ᄒᆞ고絕後來降者ᄒᆞ니非計也ㅣ니다上이亦悔之ᄒᆞ야尤牛僧孺失策ᄒᆞ니附李德裕者ㅣ因言ᄒᆞᄃᆡ僧孺ㅣ與德裕로有隙ᄒᆞ야害其功이라ᄒᆞᆫᄃᆡ上이益踈之ᄒᆞ니僧孺ㅣ內不自安이러라會에上이御延英ᄒᆞ야謂宰相曰天下ㅣ當何時太平고卿等은亦有意於此乎아僧孺ㅣ對曰太平

이無象이라今四夷ㅣ不至交侵ᄒᆞ고百姓이不至流散ᄒᆞ니雖非至理나
亦謂小康이라陛下ㅣ若別求太平이면非臣等에所及이니다退謂同
列曰主上이責望이如此ᄒᆞ시니吾曹ㅣ豈得久居此地乎아因累
表請罷어늘以僧孺로同平章事充淮南節度使ᄒᆞ다

六年이라十一月에段文昌으로써西川節度使를ᄉᆞᆷ다西川監軍王踐言入ᄒᆞ야樞密
을知ᄒᆞ야ᄌᆞ조言을上ᄒᆞᆫ듸悉怛謀를縛送ᄒᆞ야써虜心을快ᄒᆞ게ᄒᆞ고後에來降ᄒᆞᆯ者
를絶ᄒᆞ엿ᄉᆞ니計가아니니이다上이ᄯᅩᄒᆞᆫ悔ᄒᆞ야牛僧孺의失策ᄒᆞᆷ을尤ᄒᆞ니李德裕
에附ᄒᆞᆫ者ㅣ因ᄒᆞ야言ᄒᆞ듸僧孺ㅣ德裕로더부러隙이有ᄒᆞ야그功을害ᄒᆞ얏다ᄒᆞᆫ듸
上이더욱疎ᄒᆞ니僧孺ㅣ內로스ᄉᆞ로安치못ᄒᆞ더라會에上이延英에御ᄒᆞ야宰相더
러謂ᄒᆞ야曰天下ㅣ맛당이何時에나平ᄒᆞᆯ고卿等은ᄯᅩᄒᆞᆫ此에有意ᄒᆞᄂᆞᆫ가僧孺ㅣ對
ᄒᆞ야曰太平이象이無ᄒᆞᆫ지라이제四夷가交侵에至치안코百姓이流散에至치아느
니비록至理ᄂᆞᆫ아니나ᄯᅩᄒᆞᆫ小康이라謂ᄒᆞᆯ지라陛下ㅣ만일別로太平을求ᄒᆞ시면臣
等의及ᄒᆞᆯ바가아니니이다退ᄒᆞ야同列더러謂ᄒᆞ여曰主上이이갓치責望ᄒᆞ시니吾
曹ㅣ엇지시러금此地에久居ᄒᆞ랴因ᄒᆞ야여러번表ᄒᆞ야罷ᄒᆞ기를請ᄒᆞ거늘僧孺로
써同平章事淮南節度使를充ᄒᆞ다

温公曰君明臣忠上令下從俊良在位佞邪黜遠禮修樂擧刑淸政平姦宄消伏兵革偃

三鎭註魏博史憲誠盧龍朱克融鎭冀王廷湊回鶻南夷

戢諸侯順附四夷懷服時和年豊家給人足此太平之象也于斯之時閽寺專權脅君於內弗能遠也藩鎭阻兵陵慢於外弗能制也士卒殺逐主帥拒命自立弗能詰也軍旅歲興賦歛日急骨肉縱於原野杼軸空竭於里閭而僧孺謂之太平不亦誣乎當文宗求治之時僧孺任居承弼進則偸取容悅以竊位退則欺君誣世以盜名罪孰大焉

(癸丑)七年이라 以兵部尙書李德裕로 同平章事ᄒᆞ니 德裕ㅣ 入謝어늘 上이 與之論朋黨事ᄒᆞᆯ서 德裕ㅣ 因得以排其不悅者러라

七年이라 兵部尙書李德裕로ᄡᅥ平章事를同히ᄒᆞ니德裕ㅣ드러와謝ᄒᆞ거늘上이더부러朋黨의事를論ᄒᆞᆯ서德裕ㅣ因ᄒᆞ야시러금ᄡᅥ不悅ᄒᆞ는者를排ᄒᆞ더라

杜牧이 憤河朔三鎭之桀驁而朝廷議者ㅣ 專事姑息ᄒᆞ야 乃作書ᄒᆞ니 名曰罪言이라(罪言者謂不當在而言實有罪也) 大畧은 以爲國家ㅣ 自天寶盜起로 河北百餘城을 不得尺寸之用ᄒᆞ니 人이 望之를 若回鶻吐蕃ᄒᆞ야 無敢窺者라 齊梁蔡ㅣ 被其風流ᄒᆞ야 因亦爲寇ᄒᆞ니 未嘗五年間不戰ᄒᆞ야 焦焦然七十餘年矣라 今上策은 莫如先自治오 中策은 莫如取魏오 最下策은 爲浪戰ᄒᆞ야 不計地勢ᄒᆞ고 不審攻守ㅣ 是也오 又

**傷府兵이廢壞ᄒᆞ야作原十六衛ᄒᆞ야**原者推元也唐踵隋制開十六衛府兵者唐初置軍府以驃騎車騎兩將軍府領之天下旣定改驃騎曰統軍車騎曰別將後太宗更統軍爲折衝都尉別將爲果毅都尉諸府總名曰折衝府天下凡十道置府六百三十四皆有名號而關內二百六十一皆隷諸衛凡府有三等兵千二百人爲上千人爲中八百人爲下也十六衛者唐志八衛曰左右衛曰驍衛曰武衛曰威衛曰領軍曰金吾曰監門曰千牛此八衛也名有左右故曰十六衛也每衛有上將軍有大將軍有將軍自左右衛至領軍掌宮禁宿衛金吾掌宮中京城巡警監門掌諸門禁衛千牛掌侍衛也**以爲國家ㅣ始踵隋制ᄒᆞ야開十六衛ᄒᆞ니自今觀之컨ᄃᆡ設官이言無謂者ᄂᆞᆫ其十六衛乎인져本原事迹은其實天下之大命也ㅣ다**

杜牧이河朔三鎭이桀驁ᄒᆞ고朝廷의議者ㅣ專혀姑息을事홈을憤ᄒᆞ야이에書를作ᄒᆞ니名ᄒᆞ야曰罪言이라大畧은써ᄒᆞ되國家ㅣ天寶에盜ㅣ起홈으로브터河北百餘城을尺寸의用도得치못ᄒᆞ니人이望홈을回鶻과吐蕃에敢히窺치못홈과갓치ᄒᆞᄂᆞᆫ지라齊梁蔡ㅣ그風流를被ᄒᆞ야因ᄒᆞ야또寇ᄒᆞ니일즉五年間戰ᄒᆞ야焦々然七十餘年이라今上策은먼져스ᄉᆞ로治ᄒᆞᄂᆞᆫ것만갓지못ᄒᆞ고中策은取魏ᄒᆞᄂᆞᆫ것만갓지못ᄒᆞ고最下策은浪戰을ᄒᆞ야地勢를計ᄒᆞ지말고攻守를不審홈이是요또府兵이廢壞홈을傷ᄒᆞ야作原十六衛ᄒᆞ고써ᄒᆞ되國家ㅣ비로소隋制를踵ᄒᆞ야十六衛를開ᄒᆞ니自今觀之컨ᄃᆡ官를設ᄒᆞ미言ᄒᆞ야謂홈이無ᄒᆞᆫ者ᄂᆞᆫ그十六衛인저本原의事迹은그實상天下의大命이라

尾大中乾成燕偏重而根下掀然天萌燼然進退兩難成燕偏重燕盧龍謂

飄暴交捽謂賞罰互用也

貞觀中에內以十六衛로蓄養戎臣ᄒᆞ고外開折衝果毅府五百七十四ᄒᆞ야以儲兵伍ᄒᆞ야有事則戎臣이提兵居外ᄒᆞ고無事則放兵居內ᄒᆞ야三時耕稼ᄒᆞ고一時治武ᄒᆞ고籍藏將府ᄒᆞ야伍散田畝ᄒᆞ니力解勢破ᄒᆞ야人人이自愛ᄒᆞ야雖有蚩尤ㅣ爲帥나亦不可使爲亂耳요及其居外也엔緣部之兵이被檄乃來면斧鉞이在前ᄒᆞ고爵賞이在後ᄒᆞ야飄暴交捽ᄒᆞ니豈可異圖ㅣ리요雖有蚩尤ㅣ爲帥나亦無能爲叛也ㅣ니라(蚩尤者黃帝時作亂者)開元末에愚儒ㅣ奏章曰天下ㅣ文勝矣니請罷府兵武夫ᄒᆞ라고奏章에曰天下ㅣ力彊矣ㅣ니請搏四夷ᄒᆞ야는於是에府兵이內剷ᄒᆞ고(下字未詳因檢廣韻玉篇俱無此字唯韻會擧要産字韻內韻字不註云通作剷字音楚恨反剷也又去聲剗字註攻也平治也)邊兵이外作ᄒᆞ야戎臣兵伍ㅣ湍奔矢往ᄒᆞ야內無一人矣라尾大中乾ᄒᆞ고成燕이偏重而天下ㅣ欣然ᄒᆞ야根萌이燼燃矣라由此觀之컨디戎臣兵伍를豈可一日使出落鈐鍵哉아然니나爲國者는不能無兵이나居外

成安祿山偏軍之勢一云成成德也鈐鍵音黠以關防帥府以備非常鍵關鑰也

則叛ᄒᆞ고居內則簒니라 使外不叛內不簒은 古今己還으로法術이最長ᄒᆞ니其置府立衛乎ㅣ져

貞觀中에內에十六衛로써戎臣을蓄養ᄒᆞ고外로ᄂᆞᆫ折衝果毅府五百七十四을開ᄒᆞ야써兵伍를儲ᄒᆞ야事가有ᄒᆞᆫ즉戎臣이兵을提ᄒᆞ야外에居ᄒᆞ고事가無ᄒᆞᆫ즉兵을放ᄒᆞ야內에居ᄒᆞ야三時ᄂᆞᆫ耕稼ᄒᆞ고一時ᄂᆞᆫ武를治ᄒᆞ고籍을將府에藏ᄒᆞ야伍ㅣ田畝에散ᄒᆞ니力解勢破ᄒᆞ야人人이스ᄉᆞ로愛ᄒᆞ야비록蚩尤잇셔帥가되나또ᄒᆞᆫ가히ᄒᆞ야금亂치못ᄒᆞᆯ지오밋그外에居ᄒᆞᆷ엔緣部의兵이檄을被ᄒᆞ야이예來ᄒᆞ면斧鉞이前에在ᄒᆞ고爵賞이後에在ᄒᆞ야飄暴交捽ᄒᆞ니웃지可히異를圖ᄒᆞ리오비록蚩尤가잇셔帥가되나또ᄒᆞᆫ能히叛ᄒᆞᆷ이無ᄒᆞ더니開元末에愚儒ㅣ章을奏ᄒᆞ야曰天下ㅣ文이勝ᄒᆞ니請컨ᄃᆡ府兵武夫를罷ᄒᆞ라ᄒᆞ고奏章에ᄀᆞᆯ오ᄃᆡ天下ㅣ力이彊ᄒᆞ니請컨ᄃᆡ四夷를搏ᄒᆞ라ᄒᆞ야을於是에府兵이內로剷ᄒᆞ고邊兵이外로作ᄒᆞ야戎臣兵伍ㅣ湍奔矢往ᄒᆞ야內에一人도無ᄒᆞᆫ지라尾ᄂᆞᆫ大ᄒᆞ고中은乾ᄒᆞ고燕이偏重을成ᄒᆞᆷ에天下ㅣ掀然ᄒᆞ야根萌이燼燃ᄒᆞᆫ지라由此觀之컨ᄃᆡ戎臣兵伍를웃지可히一日이나ᄒᆞ여곰鈐鍵을出落캐ᄒᆞ리잇가그러ᄒᆞ나國을爲ᄒᆞᄂᆞᆫ者ᄂᆞᆫ能히兵이無ᄒᆞᆯ수가업ᄉᆞ니外에居ᄒᆞᆫ즉叛ᄒᆞ고內에居ᄒᆞᆫ즉簒ᄒᆞᆯ지라外로ᄒᆞ야금叛치안코內로簒치안음은古今己還으로法術이最長ᄒᆞ니그府를置ᄒᆞ고衛를立ᄒᆞᆯ진져

(甲寅)八年이라上이欲以李仲言으로(汝後名訓)爲諫官ᄒᆞ야寘之翰林ᄒᆞ니李
德裕ㅣ曰不可ᄒᆞ니다上이曰李逢吉이薦之ᄒᆞ니朕이不欲食言ᄒᆞ노라對
曰逢吉이身爲宰相ᄒᆞ야乃薦奸邪ᄒᆞ야以誤國ᄒᆞ니亦罪人也ᄒᆞ니다上이
曰然則別除一官ᄒᆞ라對曰亦不可ᄒᆞ니다上이顧王涯ᄒᆞᆫ되涯ㅣ對曰
可ᄒᆞ니이다德裕ㅣ揮手止之어늘上이回顧에適見色殊不懌而罷ᄒᆞ니라內
敕이出ᄒᆞ야德裕로同平章事ᄒᆞ야充山南西道節度使ᄒᆞ니德裕ㅣ見
上ᄒᆞ고自陳請留京師어늘乃以德裕로爲兵部尙書ᄒᆞ니李宗閔이言
李德裕ㅣ制命이已行ᄒᆞ니不宜自便이니다於是에復以德裕로爲鎭
海節度使ᄒᆞ다時에德裕宗閔이各有朋黨ᄒᆞ야互相擠援ᄒᆞ니上이患
之ᄒᆞ야每歎曰去河北賊은易어니와去朝中朋黨은難이로다

八年이라上이李仲言으로써諫官을ᄉᆞᆷ어翰林에寘ᄒᆞ고ᄌᆞᄒᆞ니李德裕ㅣ曰可치
아니ᄒᆞ니이다上이曰李逢吉이薦ᄒᆞᆷ이니朕이言을食치안코저ᄒᆞ로다對曰逢吉
이身이宰相이되야奸邪를薦ᄒᆞ야써國을誤ᄒᆞ니또ᄒᆞᆫ罪人이니이다上이曰그러ᄒᆞᆫ

죽一官을別除ᄒᆞ라對曰또ᄒᆞᆫ可치아니ᄒᆞ니이다上이王涯를도라보니涯ㅣ對曰可ᄒᆞ니이다德裕ㅣ手를揮ᄒᆞ고止ᄒᆞ거ᄂᆞᆯ上이回顧에適히見色이자못懌치못ᄒᆞ고罷ᄒᆞ더니內勅이出ᄒᆞ야德裕로平章事를同ᄒᆞ야山南西道節度使를充케ᄒᆞ니德裕ㅣ上을見ᄒᆞ고스ᄉᆞ로陳ᄒᆞ야京師에留허기를請ᄒᆞ거ᄂᆞᆯ이에德裕로써兵部尙書를삼으니李宗閔이言ᄒᆞ되李德裕ㅣ制命이已行ᄒᆞ니自便홈이宜치아니ᄒᆞ니이다於是에다시德裕로써鎭海節度使를삼다ᄯᅢ에德裕와宗閔이各기朋黨이有ᄒᆞ야한가지셔로擠援ᄒᆞ니上이근심ᄒᆞ야每양歎曰河北賊을去하기ᄂᆞᆫ易ᄒᆞ거니와朝中朋黨을去ᄒᆞ기ᄂᆞᆫ難ᄒᆞ도다

溫公曰夫君子小人之不相容猶冰炭之不可同器而處也故君子得位則斥小人小人得勢則排君子此自然之理也然君子進賢退不肖其處心也公其指事也實小人譽其所好毁其所惡其處心也私其指事也誣公且實者謂之正直私且誣者謂之朋黨在人主所以辨之耳是以明主在上度德而舒位量能而授官有功者賞有罪者刑奸不能惑佞不能移夫如是則朋黨何自而生哉彼昏主則不然明不能燭强不能斷邪正並進毁譽交至取舍不在於己威福潛移於人於是讒慝得志而朋黨之議興矣夫木腐而蠹生醯酸而蜹集 蜹而銳反 故朝廷有朋黨則人主當自咎而不當以咎羣臣也文宗苟患羣臣之朋黨何不察其所毁譽者爲誣爲實所進退者爲賢爲不肖其心爲公爲私其人爲君子爲小人苟實也賢也公也君子也匪徒用其言又當進之誣也不肖也私也小人也匪徒棄

其言又當刑之如是雖使之爲朋黨孰敢哉釋是不爲乃怨羣臣難治是猶不種不芸而
怨田之蕪也朝中之黨且不能去況河北賊乎

宋申錫同平章事璋王名湊文貶爲巢縣公

(乙卯)九年이라初에宋申錫이獲罪에宦官이益橫하니上이外雖包
容하나內不能堪이러니李訓鄭注ㅣ既得幸에揣知上意하고(揣楚委反度也)訓이因
進講하야數以微言으로動上호되上이見其才辯하고意訓이可與謀大
事요且以訓注ㅣ皆因王守澄하야以進이라冀宦官이不之疑하야遂
密以誠으로告之러니訓注ㅣ遂以誅宦官으로爲已任하야二人이相挾하야
朝夕計議하야所言於上을無不從하니聲勢ㅣ烜赫이러라(烜火遠反明也盛也)於是에
平生絲恩髮怨으로無不報者요所惡朝士를皆指目爲二李
之黨이라하야貶逐이無虛日하야班列이殆空이러라以鄭注로爲鳳翔節
度使하니李訓이雖因注得進이나及勢位俱盛에心頗忌注하야謀欲
中外協勢하야以誅宦官故로出注於鳳翔하니其實은俟既誅宦
官하야并圖注也러라

九年이라初에宋申錫이罪를獲ᄒᆞ미宦官이더욱橫ᄒᆞ니上이박그로는비록包容ᄒᆞ나內로는能히堪치못ᄒᆞ는지라李訓과鄭注ㅣ이미幸홈을得ᄒᆞ미上의意를揣知ᄒᆞ고訓이進講홈을因ᄒᆞ야자조微言으로써上을動ᄒᆞᆫᄃᆡ上이그才와辯을見ᄒᆞ고意컨ᄃᆡ訓이可히더부러大事를謀ᄒᆞᆯ만ᄒᆞ고또ᄒᆞᆫ써訓과注ㅣ다王守澄을因ᄒᆞ야써進ᄒᆞᆫ지라宦官이疑치아니홈을冀ᄒᆞ야드듸여密히誠으로告ᄒᆞ니訓과注ㅣ드듸여宦官을誅홈으로써己任을ᄒᆞ야二人이서로挾ᄒᆞ야朝夕에計議ᄒᆞ야上에게言ᄒᆞ는바를從치아니홈이無ᄒᆞ니聲勢ㅣ烜赫ᄒᆞ더라於是에平生의絲갓ᄒᆞᆫ恩과髮갓ᄒᆞᆫ怨을報치안은者ㅣ업고惡ᄒᆞ는바朝士를다指目ᄒᆞ야二李의黨이라ᄒᆞ야貶逐이虛日이無ᄒᆞ야班列이殆空ᄒᆞ더라鄭注로써鳳翔節度使를숨으니李訓이비록注를因ᄒᆞ야進을得ᄒᆞ엿스나밋勢位가ᄒᆞᆫ가지盛홈엔心에자못注를忌ᄒᆞ야謀ᄒᆞᄃᆡ中外가協勢ᄒᆞ야써宦官을誅코져ᄒᆞᆫ故로注를鳳翔에出ᄒᆞ니그實은宦官을이미誅ᄒᆞ기를俟ᄒᆞ야注를幷히圖ᄒᆞ려홈이러라

**以御史中丞舒元輿로爲刑部侍郎ᄒᆞ고李訓으로爲禮部侍郎ᄒᆞ야並同平章事ᄒᆞ다訓이起流人ᄒᆞ야期年에致位宰相ᄒᆞ니天子ㅣ傾意任之러라**

御史中丞舒元輿로써刑部侍郎을숨고 李訓으로禮部侍郎을숨어平章事를並同

케ᄒᆞ다訓이流人으로起ᄒᆞ야期年에位가宰相에致ᄒᆞ니天子ㅣ意를傾ᄒᆞ야任ᄒᆞ더
라

李訓鄭注ㅣ密言於上ᄒᆞ야請除王守澄ᄒᆞᆫᄃᆡ冬十月에遣中使李
好古ᄒᆞ야就第賜酖殺之ᄒᆞ다訓注ㅣ本因守澄ᄒᆞ야進이로ᄃᆡ卒謀而殺
之ᄒᆞ니人皆快守澄之受誅而疾訓注之陰狡ᄒᆞ야於是에元和之
逆黨이畧盡矣러라

李訓과鄭注ㅣ上의게密言ᄒᆞ야王守澄을除ᄒᆞ기를請ᄒᆞᆫᄃᆡ冬十月에中使李好古를
遣ᄒᆞ야第에就ᄒᆞ야賜酖ᄒᆞ야殺ᄒᆞ다訓과注ㅣ본ᄃᆡ守澄을因ᄒᆞ야進ᄒᆞ엿스되마ᄎᆞᆷ
謀ᄒᆞ야殺ᄒᆞ니人이다守澄의受誅ᄒᆞᆷ을快히여이고訓注의陰狡ᄒᆞᆷ을疾ᄒᆞ야於是에
元和의逆黨이畧盡ᄒᆞ더라

十一月戊辰에王守澄을葬於滻水ᄒᆞᆯ새(滻所簡反)鄭注ㅣ奏請ᄒᆞ야令內臣
中尉以下로盡集滻水送葬ᄒᆞ고注ㅣ因闔門ᄒᆞ고令親兵으로斧之ᄒᆞ야
使無遺類ᄒᆞ고訓은與其黨으로謀曰如此事成則注ㅣ專有其功이니
不若先期誅宦官者ᄒᆞ라더니已而요幷注去之러라

罘罳唐宮殿中罘罳以絲爲之如網以捍鳥雀

十一月戊辰에王守澄을滻水에葬홀ᄉᆡ鄭注ㅣ奏請호ᄃᆡ內臣中尉以下로ᄒᆞ야금다
滻水에集ᄒᆞ야葬을送ᄒᆞ게ᄒᆞ고注ㅣ因ᄒᆞ야闔門ᄒᆞ고親兵으로ᄒᆞ여곰斧ᄒᆞ야ᄒᆞ야
금遺類가無케ᄒᆞ고訓은그黨으로더부러謀ᄒᆞ야曰如此히事ㅣ成ᄒᆞᆫ즉注ㅣ오로去
그功이有홀지니先期ᄒᆞ야宦官을誅ᄒᆞ는니만갓지못ᄒᆞ다ᄒᆞ더니己而요注와并히
ᄒᆞ다

壬戌에上이御紫宸殿ᄒᆞ니百官이班定이어늘韓約이奏稱호ᄃᆡ左金吾
廳事後에石榴ㅣ夜有甘露ᄒᆞ니先命宰相及兩省官ᄒᆞ야詣左仗
視之ᄒᆞ소셔訓이奏호ᄃᆡ臣이與衆人으로驗之ᄒᆞ니殆非眞甘
露ㅣ니다上이顧左右ᄒᆞᆫᄃᆡ中尉仇士良魚志弘이帥諸宦者ᄒᆞ고往視
之ᄒᆞ다士良等이至左仗視甘露홀ᄉᆡ風吹幕起에見執兵者ㅣ甚衆
ᄒᆞ고又聞兵仗聲이어늘士良等이驚駭ᄒᆞ야奔詣上告變ᄒᆞ니訓이見之ᄒᆞ고
遽呼金吾衛士ᄒᆞ야上殿ᄒᆞ니宦者ㅣ曰事急矣라請陛下는還宮ᄒᆞ소셔
卽迎上扶升輿ᄒᆞ고決後殿罘罳ᄒᆞ고(罘房尤反 罳新茲反)疾趨北出ᄒᆞ다金吾兵이

己登殿에幷京兆邏卒과(邏郎佐反)御史臺從人이皆登殿ᄒᆞ야縱擊宦官ᄒᆞ니流血呼冤ᄒᆞ야死傷者ㅣ十餘人이라訓이知事不濟ᄒᆞ고脫走어늘士良等이命禁兵出閤門ᄒᆞ야討賊殺王涯等ᄒᆞ고兩省及金吾吏卒千餘人이塡門爭出ᄒᆞ니死者六百餘人이라士良等이分兵閉宮門ᄒᆞ고索諸司討賊黨ᄒᆞ니諸司吏卒及民酤販在中者ㅣ皆死ᄒᆞ고又千餘人이라王涯賈餗舒元輿ᄂᆞᆫ皆收繫斬之ᄒᆞ다

壬戌에上이紫宸殿에御ᄒᆞ니百官이班을定이여ᄂᆞᆯ韓約이奏稱호ᄃᆡ左金吾廳事後에石榴ㅣ夜에甘露有ᄒᆞ니먼져宰相과밋兩省官을命ᄒᆞ야左仗에詣ᄒᆞ야視케ᄒᆞ소셔良久에還ᄒᆞ거ᄂᆞᆯ訓이奏호ᄃᆡ臣이衆人으로더부러驗ᄒᆞ니자못참甘露가안니니이다上이左右를顧호ᄃᆡ中尉仇士良과魚志弘이諸宦者를帥ᄒᆞ고가셔보다士良等이左仗에至ᄒᆞ야甘露를視홀ᄉᆡ風이吹ᄒᆞ야幕이起ᄒᆞ미見ᄒᆞ니兵을執ᄒᆞᆫ者ㅣ심히만코ᄯᅩ兵仗聲이聞ᄒᆞ거ᄂᆞᆯ士良等이驚駭ᄒᆞ야다러ᄂᆞ上의게詣ᄒᆞ야告變ᄒᆞ니訓이見ᄒᆞ고金吾衛士를遽呼ᄒᆞ야殿에上ᄒᆞ니宦者ㅣ日事ㅣ急ᄒᆞᆫ지라請컨ᄃᆡ陛下ᄂᆞᆫ宮으로還ᄒᆞ소셔곳上을迎ᄒᆞ야升輿를扶ᄒᆞ고後殿罘罳을決ᄒᆞ고疾趍ᄒᆞ야北으로出ᄒᆞ다金吾兵이이미殿에登ᄒᆞ미아울너京兆의邏卒과御史臺從人이다殿에登ᄒᆞ야

宦官을縱擊ᄒᆞ니血이流ᄒᆞ고呼寃ᄒᆞ야死傷ᄒᆞᆫ者ㅣ十餘人이라訓이事가濟치못ᄒᆞᆯ
줄을知ᄒᆞ고脫走ᄒᆞ거ᄂᆞᆯ士良等이禁兵을命ᄒᆞ야閤門을出ᄒᆞ야討賊ᄒᆞ야王涯等을
殺ᄒᆞ고兩省과밋金吾吏卒千餘人이門을塡ᄒᆞ고爭出ᄒᆞ니死ᄒᆞᆫ者ㅣ六百餘人이라
諸司吏卒과밋民의酤販在中者ㅣ다死ᄒᆞ고ᄯᅩ千餘人이라王涯와賈餗와舒元輿ᄂᆞᆫ
다收繫ᄒᆞ야斬ᄒᆞ다

仇士良等이使人으로齎密敕ᄒᆞ야授鳳翔監軍張仲淸ᄒᆞ야使斬鄭
注ᄒᆞ고滅其家ᄒᆞ니自是로天下事ㅣ皆決於北司요宰相은行文書
而已러라宦官이氣益盛ᄒᆞ야迫脅天子ᄒᆞ고下視宰相ᄒᆞ고陵暴朝士ᄅᆞᆯ
如草芥ᄒᆞ야每延英議事에士良等이動引訓注ᄒᆞ야折宰相ᄒᆞ니鄭覃
李石이曰訓注ㅣ誠爲亂首니但不知訓注ㅣ始因何人得進
이로다宦者ㅣ稍屈ᄒᆞ고縉紳이賴之러라

仇士良等이人으로ᄒᆞ야금密敕을齎ᄒᆞ야鳳翔監軍張仲淸을授ᄒᆞ야ᄒᆞ야금鄭注을
斬ᄒᆞ고其家을滅ᄒᆞ니自是로天下事를다北司의셔決ᄒᆞ고宰相은文書만行ᄒᆞᆯᄯᆞᄅᆞᆷ
일러라宦官의氣가益盛ᄒᆞ야天子를迫脅ᄒᆞ고宰相을下視ᄒᆞ고朝士을陵暴ᄒᆞᆷ을草
芥와如히ᄒᆞ야미양延英의셔事을議ᄒᆞ미士良等이訓과注를動引ᄒᆞ야宰相을折ᄒᆞ

니鄭覃과李石이曰訓注ㅣ진실로亂首가되니다만訓注ㅣ始에何人을因ᄒᆞ야得進ᄒᆞᆫ인지不知ᄒᆞ겟노라宦者ㅣ졈졈屈ᄒᆞ고縉紳이賴ᄒᆞ더라

毬鞠彙毬音水毛毬蹙蹴曰戲毬鞠々與蹴同

(丙辰)開成元年이라上ㅣ自甘露之變으로意ㅣ忽忽不樂ᄒᆞ야兩軍毬鞠之會를什減六七ᄒᆞ고雖宴享에音技ㅣ雜遝盈庭이나未嘗解顏ᄒᆞ고閑居에或徘徊眺望ᄒᆞ고或獨語歎息이러니至是ᄒᆞ야上이於延英에請宰相曰朕이每與卿等으로論天下事則不免愁로라對曰爲理者는不可以速成이니다上이曰朕이每讀書에恥爲凡事로라李石이曰方今內外之臣間에小人이尙多疑ᄒᆞ니臣은願陛下ㅣ更以寬御之ᄒᆞ노이다上이復謂宰相曰我與卿等으로論天下事에有勢未得行者면退ᄒᆞ야但飮醇酒求醉耳로다對曰此는皆臣等之罪也로소이다

開成元年이라上이甘露의變으로브허意ㅣ忽々히樂지못ᄒᆞ야兩軍毬鞠의會를十에六七을減ᄒᆞ고비록宴享에音技가雜遝ᄒᆞ야庭에盈ᄒᆞ나일즉顏을解치안코閑히居ᄒᆞ미혹徘徊ᄒᆞ며眺望ᄒᆞ고혹홀로語ᄒᆞ며歎息ᄒᆞ더니至是ᄒᆞ야上이延英에셔宰相더러謂曰朕이미양卿等으로더부러天下事를論ᄒᆞᆯ적愁을免치못ᄒᆞ노라對曰

雍熙雍初也熙廣也

理를ᄒᆞᄂᆞᆫ者은可히써速成치못ᄒᆞᄂᆞ이다上이曰朕이미양書를讀ᄒᆞ미凡事ᄒᆞᆷ을恥ᄒᆞ노라李石이曰方今內外의臣間에小人이尙히多疑ᄒᆞ니臣은陛下ᄂᆞᆫ다시寬ᄒᆞᆷ으로써御ᄒᆞᆷ을願ᄒᆞ노이다上이다시宰相더러謂曰我ㅣ卿等으로더부러天下事를論ᄒᆞ미勢가시러곰行치못ᄒᆞᆯ者가有ᄒᆞ면退ᄒᆞ야다만醇酒을飮ᄒᆞ야醉ᄒᆞᆷ을求ᄒᆞ노라對ᄒᆞ야曰이ᄂᆞᆫ다臣等의罪로소이다

(丁巳二年이라夏四月에上이 對柳公權等於便殿ᄒᆞᆯ셔上이擧袗袖示之曰此衣를已三澣矣라ᄒᆞ니衆이皆美上之儉德이로ᄃᆡ公權이獨無言이어늘上이問其故ᄒᆞᆫᄃᆡ對曰陛下ㅣ貴爲天子ᄒᆞ시고富有四海ᄒᆞ시니當進賢退不肖ᄒᆞ시고納諫諍ᄒᆞ시고明賞罰이시면乃可以致雍熙오服澣濯之衣ᄂᆞᆫ乃末節耳니이다

二年이라夏四月에上이柳公權等을便殿에서對ᄒᆞᆯ셔上이袗袖을드러示ᄒᆞ야曰此衣을니미세번을澣ᄒᆞ엿다ᄒᆞ니衆이다上의儉德을美히여기되公權이ᄒᆞᆯ로言이無ᄒᆞ거늘上이그연고를問ᄒᆞᆫᄃᆡ對ᄒᆞ야曰陛下ㅣ貴ᄒᆞᆷ은天子가되시고富ᄒᆞᆷ은四海를有ᄒᆞ신니맛당이賢을進ᄒᆞ시고不肖를退ᄒᆞ시고諫諍을納ᄒᆞ시고賞罰을明ᄒᆞ시면이에可히써雍熙을致ᄒᆞᆯ지오澣濯ᄒᆞᆫ衣를服ᄒᆞ심은이末節이니이다

(戊子)三年이라春三月에裴度ㅣ薨ᄒᆞ니上이怜度無遺表ᄒᆞ야問其家得半藁ᄒᆞ니以儲嗣ㅣ未定으로爲憂ᄒᆞ고言不及私러라度ㅣ身貌ㅣ不踰中人而望이遠達四夷ᄒᆞ야四夷ㅣ見唐使면輒問度ᄒᆞ니老少用捨에以身으로繫國家輕重을如郭子儀者ㅣ二十餘年이러라

三年이라春三月에裴度ㅣ薨ᄒᆞ니上이度ㅣ遺表가無홈을怜ᄒᆞ야그집에問ᄒᆞ야半藁를得ᄒᆞ니儲嗣를定치못홈으로써憂ᄒᆞ고言이私ᄂᆞᆫ及지아니ᄒᆞ엿더라度의身貌ㅣ中人의踰치아니호ᄃᆡ望이四夷에遠達ᄒᆞ야四夷ㅣ唐使를見ᄒᆞ면문득度를무르니老少用捨에身으로써國家輕重에繫홈을郭子儀와갓치혼者ㅣ二十餘年이러라

十一月에上이有疾이라少間에坐思政殿ᄒᆞ야召當直學士周墀ᄒᆞ야賜之酒ᄒᆞ고因問曰朕이可方前代何主오對曰陛下ᄂᆞᆫ堯舜之主也ㅣ니다上이曰朕이豈敢比堯舜이리요所以問卿者ᄂᆞᆫ何如周赧漢獻耳로라墀ㅣ驚曰彼ᄂᆞᆫ亡國之主ㅣ니豈可比聖德이리잇고上이曰赧獻은受制於彊諸侯와어니今朕은受制於家奴ᄒᆞ니以此言之ᄒᆞᆫ댄朕이

殆不如라ᄒᆞ고 因泣下霑襟이여ᄂᆞᆯ 墀ㅣ 伏地流涕러라 自是로 不復視朝ᄒᆞ다

十一月에上이疾이有ᄒᆞᆫ지라少間에思政殿에坐ᄒᆞ야當直學士周墀를召ᄒᆞ야酒를賜ᄒᆞ고問曰朕은前代의何主와可히方ᄒᆞᆯ고對曰陛下ᄂᆞᆫ堯舜의主ㅣ니다上이曰朕이웃지敢히堯舜에比ᄒᆞ리오써卿의게問ᄒᆞᄂᆞᆫ밧者ᄂᆞᆫ周赧과漢獻과何如ᄒᆞᆷ이로라墀ㅣ驚ᄒᆞ야曰彼ᄂᆞᆫ國을亡ᄒᆞᆫ主ㅣ니웃지可히聖德에比ᄒᆞ리잇고上이曰赧獻은彊諸侯의게制를受ᄒᆞ엿거니와今에朕은家奴에게制를受ᄒᆞ니此로써言ᄒᆞᆯ진ᄃᆡ朕이쟈못갓지못ᄒᆞ다ᄒᆞ고因ᄒᆞ야泣下ᄒᆞ야襟을霑ᄒᆞ거ᄂᆞᆯ墀ㅣ地에伏ᄒᆞ야涕를流ᄒᆞ다

自是로다시視朝치못ᄒᆞ다

(庚申)五年이라春正月에 上이 崩ᄒᆞ다 中尉仇士良等이 立潁王ᄒᆞ야 爲皇太弟ᄒᆞ니 是爲武宗이러라

五年이라春正月에上이崩ᄒᆞ다中尉仇士良等이潁王을立ᄒᆞ야皇太弟를삼으니이武宗이되더라

九月에 以李德裕로 爲門下侍郞同平章事ᄒᆞ니 德裕ㅣ 入謝ᄒᆞ고 言於上曰致理之要ᄂᆞᆫ 在於辨羣臣之邪正이니 夫邪正二字ᄂᆞᆫ 勢

不相容이다 正人니 指邪人爲邪면 邪人도 亦指正人爲邪ᄒᆞᄂᆞ니 人主ㅣ辨之甚難이라 臣은 以爲正人은 如松栢이 特立不倚요 邪人은 如藤蘿ㅣ 非附他物이면 不能自起라 故로 正人은 一心事君而邪人은 競爲朋黨이니다 先帝ㅣ 深知朋黨之患ᄂᆞ니 然이나 所用이 卒皆朋黨之人이니 艮由執心이 不定故로 姦邪ㅣ 得乘間而入也니이다 夫宰相이 不能人人忠良ᄒᆞ야 或爲欺罔ᄒᆞ니 主心이 始疑ᄒᆞ야 於是에 旁詢小臣ᄒᆞ야 以察執政ᄒᆞ니 如德宗末年에 所聽任者는 惟裴延齡輩요 宰相은 署敕而已니 此는 政事ㅣ 所以日亂也니이다 陛下는 誠能愼擇賢才ᄒᆞ야 以爲宰相ᄒᆞ되 有姦罔者어던 立黜去之ᄒᆞ시고 常令政事로 皆出中書ᄒᆞ야 推心委任ᄒᆞ시고 堅定不移則天下를 何憂不理哉리잇고 又曰先帝ㅣ 於大臣에 好爲形跡ᄒᆞ소 小過를 皆含容不言ᄒᆞ야 日累月積ᄒᆞ야 玆事ㅣ 大誤ᄒᆞ니 願陛下는 以爲戒ᄒᆞ야 臣等이 有罪어든

陛下ㅣ當面詰之ᄒᆞ시고 事若無實이어든 得以辨明ᄒᆞ시고 若其有實ᄒᆞ야 辭理ㅣ自窮이어든 小過則容其悛改ᄒᆞ고 大罪則加之誅譴ᄒᆞ소서 如此면 君臣之際에 無疑間矣리이다 上이 嘉納之ᄒᆞ다

九月에德裕로써門下侍郞同平章事를숨으니德裕ㅣ드러와謝ᄒᆞ고上의게言ᄒᆞ야日理ᄒᆞᆷ을致ᄒᆞᄂᆞᆫ要ᄂᆞᆫ羣臣의邪와正을辨ᄒᆞᄂᆞᆫᄃᆡ在ᄒᆞ니무릇邪正二字ᄂᆞᆫ勢가셔로容치못ᄒᆞᆯ지라正人이邪人을指ᄒᆞ야邪라ᄒᆞ면邪人도ᄯᅩᄒᆞᆫ正人을指ᄒᆞ야邪라ᄒᆞᄂᆞ니人主ㅣ辨ᄒᆞ기가甚히難ᄒᆞᆫ지라臣은써ᄒᆞ되正人은松栢이特立ᄒᆞ야倚치안니ᄒᆞᆷ과갓고邪人은藤蘿ㅣ他物에附치안ᄒᆞ면能히스ᄉᆞ로起ᄒᆞ지못ᄒᆞᆷ과갓ᄒᆞᆫ지라故로正人은一心으로君을事ᄒᆞ고邪人은닷토어朋黨ᄒᆞ니되ᄂᆞᆫ지라先帝ㅣ깁히朋黨의患을知ᄒᆞ시ᄂᆞ그러ᄒᆞ나用ᄒᆞ신바가맛참ᄂᆡ다朋黨의人이니진실로執心이定치못ᄒᆞᆷ을由ᄒᆞᆫ故로姦邪ㅣ시러금間을乘ᄒᆞ야入ᄒᆞᆷ이니이다무릇宰相이能히人人마다忠良치못ᄒᆞ야或欺罔을ᄒᆞ니主의心이비로소疑ᄒᆞ야於是에小臣을旁詢ᄒᆞ야써執政을察ᄒᆞ시니德宗末年에聽任ᄒᆞᄂᆞᆫ바人者ᄂᆞᆫ오쟉裴延齡輩오宰相은署敕ᄒᆞᆯᄯᆞ름과갓흠이니此은政事ㅣ日로써亂ᄒᆞᆫ바니이다陛下ᄂᆞᆫ진실로能히賢才를愼擇ᄒᆞ야써宰相을숨으시되姦罔ᄒᆞᆫ者가有ᄒᆞ거든즉시黜ᄒᆞ야去ᄒᆞ시고샹히政事로ᄒᆞ야금다中書에出ᄒᆞ야心을推ᄒᆞ야委任ᄒᆞ시고堅定ᄒᆞ야移치아니ᄒᆞ신즉天下를何히理

치못ᄒᆞᆷ을근심ᄒᆞ오릿가또ᄀᆞᆯ오ᄃᆡ先帝게ᄋᆞ셔大臣에게形跡을됴와ᄒᆞᄉᆞ小過를다含容ᄒᆞ시고言치아니ᄒᆞ야日로累ᄒᆞ고月로積ᄒᆞ야玆事ㅣ大誤ᄒᆞ니願컨ᄃᆡ陛下는써戒를ᄒᆞ야臣等이罪가有ᄒᆞ거든陛下ㅣ面을當ᄒᆞ야詰ᄒᆞ시고事가진실로實상이無ᄒᆞ거든시러금써辨明ᄒᆞ시고만일그실상이有ᄒᆞ야辭理ㅣ自窮ᄒᆞ거든小過인則그悛改ᄒᆞᆷ을容ᄒᆞ시고大罪인則誅譴을加ᄒᆞ소서이ᄀᆞᆺᄒᆞ면君臣의際에疑間이無ᄒᆞ리이다上이아름다이여여納ᄒᆞ다

## 武宗 名炎穆宗第五子 在位六年 壽三十三

英敏特達委任能臣克上黨如拾芥取大原如反掌享國不永末業未究惜哉

(癸亥)會昌三年이라春二月에李德裕ㅣ退論維州悉怛謀事云ᄒᆞᆫᄃᆡ維州는據高山絕頂ᄒᆞ고三面臨江ᄒᆞ야在戎虜平川之衝ᄒᆞ니是는漢地入兵之路ㅣ라自爲吐蕃所陷으로號曰無憂城이라ᄒᆞ니從此로得併力於西邊ᄒᆞ고更無虞於南路ᄒᆞ야憑陵近甸에旰食累朝ㅣ라臣이初到西蜀에外揚國威ᄒᆞ고中緝邊備ᄒᆞ니其維州ㅣ熟臣信令ᄒᆞ야空壁來歸어늘臣이始受其降ᄒᆞ니南蠻이震懾ᄒᆞ고山西八國이皆願

併力於西邊目謂吐蕃併力攻岐隴邠涇靈夏也

內屬이라當時에不與臣者ᄂᆞᆫ望風疾臣이어ᄂᆞᆯ 詔臣執送悉怛謀等ᄒᆞ야令彼自戮ᄒᆞ야絶忠欵之路ᄒᆞ고快兇虐之情ᄒᆞ시니從古以來로未有此事라乞追獎忠魂ᄒᆞ야各加褒贈ᄒᆞ고詔贈悉怛謀右衛將軍ᄒᆞ소서

會昌三年이라春三月에李德裕ㅣ維州悉怛謀의事ᄅᆞᆯ推論ᄒᆞ야云호ᄃᆡ維州ᄂᆞᆫ高山絶頂에據ᄒᆞ고三面이江에阻ᄒᆞ야戎虜平川의衝에在ᄒᆞ니이ᄂᆞᆫ漢地入兵의路라吐蕃의게陷ᄒᆞᆫ바됨으로ᄡᅥ號ᄒᆞ야曰無憂城이라ᄒᆞ니此로從ᄒᆞ야시러금西邊에併力ᄒᆞ고다시南路에虞ㅣ無ᄒᆞ야憑陵近甸에旰食을累朝ᄒᆞᆫ지라臣이西蜀에初到ᄒᆞ야外로國威ᄅᆞᆯ揚ᄒᆞ고中으로邊備ᄅᆞᆯ緝ᄒᆞ니그維州ㅣ臣의信令에熟ᄒᆞ야壁을空ᄒᆞ고來歸ᄒᆞ거ᄂᆞᆯ臣이비로소그降을受ᄒᆞ니南蠻이震懾ᄒᆞ고山西ㅣ八國이다內屬을願ᄒᆞᄂᆞᆫ지라當時에臣으로與치안은者ᄂᆞᆫ風을望ᄒᆞ야臣을疾ᄒᆞ거ᄂᆞᆯ臣에게詔ᄒᆞ야悉怛謀等을執送ᄒᆞ야彼로ᄒᆞ야금스ᄉᆞ로戮케ᄒᆞ야忠欵의路ᄅᆞᆯ絶ᄒᆞ시고兇虐의情을快케ᄒᆞ시니從古以來로이러ᄒᆞᆫ事ᄂᆞᆫ有치안ᄒᆞᆫ지라乞ᄒᆞ건ᄃᆡ忠魂을追獎ᄒᆞ야各기褒贈을加ᄒᆞ고詔ᄒᆞ야悉怛謀에게右衛將軍을贈ᄒᆞ소서

温公曰論者多疑維州之取舍不能決牛李之是非臣以爲昔荀吳圍鼓鼓人或請以城叛吳非許曰或以吾城叛吾所甚惡也人以城來吾獨何好焉吾不可以欲城而邇奸使鼓人殺叛者而繕守備是時唐新與吐蕃修好而納其維州以利言之則維州小而信大

以害言之則維州緩而關中急然則爲唐計者宜何先乎悉怛謀在唐則爲向化在吐蕃不免爲叛臣其受誅也又何矜焉且德裕所言者利也僧孺所言者義也匹夫徇利而忘義猶恥之況天子乎譬如隣人有牛逸而入於人家或勸其兄歸之或勸其弟攘之勸歸者曰攘之不義也且致訟勸攘者曰彼嘗攘吾羊矣何義之拘牛大畜也鬻之可以富家以是觀之牛李之是非端可見矣

昭義節度使劉從諫이薨커늘其子稹이秘不發喪ᄒᆞ고逼監軍ᄒᆞ야奏稱ᄒᆞ되從諫이疾病ᄒᆞ니請命稹爲留後ᄒᆞ소서上이以澤潞事로謀於宰相ᄒᆞᆫ대李德裕ㅣ曰澤潞事體ᄂᆞᆫ與河朔三鎭으로不同ᄒᆞ니河朔은習亂이已久ᄒᆞ야人心이難化라是故로累朝已來로置之度外ᄒᆞ더니澤潞ᄂᆞᆫ近處腹心ᄒᆞ야一軍이素稱忠義ᄒᆞ니頃時에用儒臣爲帥라如李抱眞이成立此軍ᄒᆞ되德宗이猶不許承襲이러니敬宗이不恤國務ᄒᆞ시고宰相이又無遠略ᄒᆞ야劉悟之死에因循以授從諫ᄒᆞ니從諫이跋扈難制ᄒᆞ야累上表迫脅朝廷이어ᄂᆞᆯ今垂死之際에復以兵權으로

昭義即澤路也有州五曰幷汾晉澤路也

劉悟從諫父也

擅付竪子ᄒᆞ니朝廷이若又因而授之則四方諸鎭이誰不思效其所爲리요天下威令이不復行矣리이다

昭義節度使劉從諫이薨커늘其子稹이가만이喪을不發ᄒᆞ고監軍을逼ᄒᆞ야奏稱ᄒᆞ되從諫이疾病ᄒᆞ니請컨ᄃᆡ稹을命ᄒᆞ야留後를ᄒᆞ소셔上이澤潞事로써宰相의게謀ᄒᆞᆫᄃᆡ李德裕ㅣ曰澤潞事體ᄂᆞᆫ河朔三鎭으로더부러갓지안으니河朔은亂의習ᄒᆞᆫ지가己久ᄒᆞ야人心이化ᄒᆞ기難ᄒᆞᆫ지라是故로累朝써來ᄒᆞᆷ으로度外에置ᄒᆞ엿거니와澤潞ᄂᆞᆫ腹心에近處ᄒᆞ야一軍이본ᄃᆡ忠義를稱ᄒᆞ니頃時에儒臣을用ᄒᆞ야帥를삼은지라李抱眞갓흔이가此軍을成立ᄒᆞ되德宗이오히려承襲ᄒᆞᆷ을許치안ᄒᆞ엿더니敬宗이國務를恤치아니ᄒᆞ고宰相이ᄯᅩ遠畧이無ᄒᆞ야劉悟ㅣ死ᄒᆞ미因循ᄒᆞ야써從諫에게授ᄒᆞ니從諫이跋扈難制ᄒᆞ야여러번表를上ᄒᆞ야朝廷을迫脅ᄒᆞ엿거ᄂᆞᆯ이졔死에垂ᄒᆞᄂᆞᆫ際에다시兵權으로써擅히竪子의게付ᄒᆞ니朝廷이만일ᄯᅩ因ᄒᆞ야授ᄒᆞᆫ則四方諸鎭이누가그ᄒᆞᆯ바를效ᄒᆞ기를思치아니ᄒᆞ리오天子의威令이다시行치못ᄒᆞ리이다

上이曰卿은以何術로制之오對曰稹의所恃者ᄂᆞᆫ河朔三鎭이니但得鎭魏ᄒᆞ야不與之同則稹이無能爲也니若遣重臣ᄒᆞ야往諭王

元逵河弘敬ᄒᆞ야 以河朔이 自艱難以來로 列聖이 許其傳襲ᄒᆞ야 已成故事ㅣ나 與澤潞로 不同ᄒᆞ니 今朝廷이 將加兵澤潞요 不欲更出禁軍ᄒᆞ야 至山東이니 其山東三州에 隷昭義者는 委兩鎭攻之라ᄒᆞ고 兼令徧諭將士ᄒᆞ야 賊平之日에 厚加官賞이라ᄒᆞ야 苟兩鎭이 聽命ᄒᆞ고 不從旁沮撓官軍則稹이 必成擒矣리이다 上이 喜曰吾與德裕로 同之ᄒᆞ니 保無後悔라ᄒᆞ고 遂決意討稹ᄒᆞ니 羣臣言者ㅣ 不復入矣러라

上이曰卿은무슨術로써制ᄒᆞᆯ고對ᄒᆞ야曰稹의恃ᄒᆞ는바ㅅ者는河朔三鎭이니다만鎭魏를得ᄒᆞ야더부러同치안케ᄒᆞᆫ즉稹이能히ᄒᆞᆯ것이업슬지니만일重臣을遣ᄒᆞ야가셔王元逵와河弘敬을諭ᄒᆞ야써河朔이艱難써來ᄒᆞᆷ으로브터列聖이그傳襲을許ᄒᆞ야이미故事를成ᄒᆞ얏스나澤潞로더부러同치안ᄒᆞ니이제朝廷이將ᄎᆞᆺ兵을澤潞에加ᄒᆞᆯ지요다시禁軍을出ᄒᆞ야山東에至케ᄒᆞ고져안ᄒᆞᆯ지니그山東三州에昭義에隷ᄒᆞ는者는兩鎭에委ᄒᆞ야攻ᄒᆞ라ᄒᆞ고兼ᄒᆞ야ᄒᆞ야금將士에게徧諭ᄒᆞ야賊을平ᄒᆞ는日에官賞을厚加ᄒᆞᆫ다ᄒᆞ야진실로兩鎭이命을聽ᄒᆞ고旁沮를從ᄒᆞ야官軍을撓치아니ᄒᆞᆫ則稹이반다시擒을成ᄒᆞ리이다上이喜ᄒᆞ야曰吾ㅣ德裕로더부러同ᄒᆞ니保ᄒᆞ야後悔가無ᄒᆞ겟다ᄒᆞ고드듸여意를決ᄒᆞ야稹을討ᄒᆞ니群臣에言ᄒᆞ는者ㅣ다시

入치안더라

上니 命德裕草詔ᄒᆞ야 以王元逵로 爲澤潞北面招討使ᄒᆞ고 河弘敬으로 爲南面招討使ᄒᆞ니 元逵ㅣ 受詔之日에 出師屯趙州어ᄂᆞᆯ 帝ㅣ 遣刑部侍郎李回ᄒᆞ야 宣慰河北三鎭ᄒᆞ고 令幽州로 乘秋早平回鶻ᄒᆞ고 鎭魏로 早平澤潞ᄒᆞ다 回至河朔ᄒᆞ니 何弘敬王元逵張仲武ㅣ 皆具櫜鞬ᄒᆞ야(釋義 櫜居勞反 鞬居言反 註見憲宗元和十二年) 郊迎立於道左ᄒᆞ고 不敢令人으로 控馬ᄒᆞ고 讓制使先行ᄒᆞ니 自中興以來로 未之有也러라 回ㅣ 明辯有膽氣ᄒᆞ니 三鎭이 無不奉詔ᄒᆞ더라

上이德裕를命ᄒᆞ야詔을草ᄒᆞ야王元逵로써澤潞北面招討使를ᄉᆞᆷ고河弘敬으로南面招討使를ᄉᆞᆷ으니元逵ㅣ詔를受ᄒᆞᄂᆞᆫ日에師를出ᄒᆞ야趙州에屯ᄒᆞ거ᄂᆞᆯ帝ㅣ刑部侍郎李回를遣ᄒᆞ야河北三鎭에宣慰ᄒᆞ고幽州로ᄒᆞ야금秋를乘ᄒᆞ야일즉回鶻을平ᄒᆞ고鎭魏으로일즉澤潞를平케ᄒᆞ다回ㅣ河朔에至ᄒᆞ니何弘敬과王元逵와張仲武ㅣ다櫜鞬을具ᄒᆞ야郊에셔迎ᄒᆞ고道左에立ᄒᆞ야敢이人으로ᄒᆞ야금馬를控치못ᄒᆞ고制使를讓ᄒᆞ야몬져行케ᄒᆞ니中興써來홈으로븟허有치못ᄒᆞ엿더라回ㅣ辯에明

三州邢洺磁

ᄒᆞ고膽氣가有ᄒᆞ니三鎭이詔를不奉ᄒᆞ리가無ᄒᆞ더라

仇士良이以左衛上將軍內侍監으로致仕ᄒᆞ니其黨이送歸私第어늘士良이教以固權寵之術ᄒᆞ야曰天子를不可令閑이오常宜以奢靡로娛其耳目ᄒᆞ야使日新月盛ᄒᆞ야無暇更及他事然後에吾輩ㅣ可以得志니勿使之讀書ᄒᆞ야親迎儒生ᄒᆞ라彼見前代興亡ᄒᆞ고心知憂懼則吾輩ㅣ踈斥矣리라其黨이拜謝而去러라

仇士良이左衛上將軍內侍監으로써仕을致ᄒᆞ니其黨이私第로送歸ᄒᆞ거늘士良이權寵固ᄒᆞᆯ術로써教ᄒᆞ야曰天子를可히ᄒᆞ야금閑케말지오常히맛당이奢靡로써그耳目을娛케ᄒᆞ야ᄒᆞ여금日로新ᄒᆞ고月로盛ᄒᆞ게ᄒᆞ야다시他事에及ᄒᆞ야暇ᄒᆞᆷ이無케ᄒᆞᆫ然後에吾輩ㅣ可히써志를得ᄒᆞᆯ지니ᄒᆞ야금書를讀ᄒᆞ야儒生을親히맛지말게ᄒᆞ라彼가前代의興亡을見ᄒᆞ고心으로憂懼ᄒᆞᆷ을知ᄒᆞᆫ즉吾輩ㅣ踈斥ᄒᆞ리라其黨이拜謝ᄒᆞ고去ᄒᆞ더다

(甲子)四年이라八月鎭魏ㅣ奏호ᄃᆡ邢洺磁三州ㅣ降이라ᄒᆞᆫᄃᆡ宰相이入賀어늘李德裕ㅣ曰昭義根本은盡在山東ᄒᆞ니三州ㅣ降則不日에

有變矣리이다 上이 曰郭誼는 稹의 謀主也ㅣ니 必梟劉稹ᄒᆞ야 以自贖ᄒᆞ게더다 德裕曰ㅣ 誠如聖料ㅣ니이다 未幾에 誼果斬稹ᄒᆞ고 收稹宗族ᄒᆞ야 盡殺之ᄒᆞ고 函稹首降이어늘 宰相이 入賀ᄒᆞᆫᄃᆡ 上이 曰郭誼를 宜如何處之오 德裕ㅣ 對曰劉稹은 騃孺子耳라(騃語駭反) 阻兵拒命은 皆誼ㅣ 爲之謀主ㅣ러니 及勢孤力屈ᄒᆞ야 又賣稹以求賞ᄒᆞ니 此而不誅면 何以懲惡이리잇고 宜及諸軍在境ᄒᆞ야 幷誼等誅之ᄒᆞ소서 上이 曰朕意ㅣ 亦以爲然이도다 郭誼等이 至京師여ᄂᆞᆯ 皆斬之ᄒᆞ다

四年이라 八月에 鎭魏ㅣ 奏ᄒᆞᄃᆡ 邢洛磁三州ㅣ 降ᄒᆞ엿다 ᄒᆞᆫᄃᆡ 宰相이 드러와 賀ᄒᆞ거ᄂᆞᆯ 德裕ㅣ 曰昭義의 根本은 다 山東에 在ᄒᆞ니 三州ㅣ 降ᄒᆞᆫ즉 不日ᄒᆞ야 變이 有ᄒᆞ리이다 上이 曰郭誼는 稹의 謀主니 반다시 劉稹을 梟ᄒᆞ야 써 스ᄉᆞ로 贖ᄒᆞ게 ᄒᆞ리라 德裕ㅣ 曰진실로 聖料와 如ᄒᆞ니이다 未幾에 誼가 과연 稹을 斬ᄒᆞ고 稹의 宗族을 收ᄒᆞ야 다 殺ᄒᆞ고 稹首를 函ᄒᆞ야 降ᄒᆞ거ᄂᆞᆯ 宰相이 드러와 賀ᄒᆞᆫᄃᆡ 上이 曰郭誼를 맛당이 如何히 處德ᄒᆞᆯ고 裕ㅣ 對ᄒᆞ야 曰劉稹은 騃孺子라 兵을 阻ᄒᆞ고 命을 拒홈은 다 誼가 謀主ㅣ 되엿니러 勢가 孤ᄒᆞ고 力이 屈홈에 及ᄒᆞ야 ᄯᅩ 稹을 賣ᄒᆞ고 써 賞을 求ᄒᆞ니 此를 誅ᄒᆞ지 아니

호면웃지써惡을懲호리잇고맛당이諸軍이境에在홈을及호야아올너誼等을誅호
소서上이曰朕意ㅣ또훈써然타호노라郭誼等이京師에至호거늘다斬호다
溫公曰董重質之在淮西郭誼之在昭義吳元濟劉稹如木偶人在伎兒之手耳彼二人
者始則勸人爲亂終則賣主求利其死固有餘罪然憲宗用之於前武宗誅之於後臣愚
以爲皆失之何則賞奸非義也殺降非信也失義與信何以爲國昔漢光武待王郞劉盆
子止於不死知其非力竭則不降故也樊崇徐宣王元牛邯之徒 邯胡丹反 豈非助亂之人乎
而光武不殺蓋以旣受其降則不可復誅故也若旣赦而復逃亡叛亂則其死固無辭矣
如誼等免死流之遠方沒齒不還可矣殺之非也

(乙丑)五年이라李德裕ㅣ秉政日久에頗徇愛憎호니人多怨之러라
五年이라李德裕ㅣ政을秉호지日이久호미자못愛憎을徇호니人이마니怨호더
라

(丙寅)六年이라春에上이疾久未平호니中外ㅣ憂懼러라初에憲宗이納
李錡妾호야生光王怡호니怡ㅣ幼時에宮中이皆以爲不慧러라 大和
以後에益自韜匿이러니及上이疾篤에諸宦官이密於禁中에定策호야
立怡爲皇太叔호고更名忱호다 太叔이見百官에哀戚이滿容호고裁

決庶務에 咸當於理ᄒᆞ니 人이 始知有隱德이러라

六年이라春에上이疾이久히平치못ᄒᆞ니中外가憂懼ᄒᆞ더라初에憲宗이李錡의妾을納ᄒᆞ야光王怡를生ᄒᆞ니怡가幼時에宮中이다써ᄒᆞ되慧치못ᄒᆞ다ᄒᆞ고太和以後에더욱스ᄉᆞ로韜匿ᄒᆞ더니밋上이疾이篤ᄒᆞᆷ에諸宦官이가만이禁中에셔策을定ᄒᆞ야怡을세워셔皇太叔을삼고名을更ᄒᆞ야忱이라ᄒᆞ다太叔이百官을見ᄒᆞᆯᄉᆡ哀戚이容에滿ᄒᆞ고庶務를裁決ᄒᆞᆷ이理에咸當ᄒᆞ니人이비로소隱德이有ᄒᆞᆷ을知ᄒᆞ엿더라

三月에 帝ㅣ崩ᄒᆞ고 宣宗이 即位ᄒᆞ다 宣宗이 素惡德裕之專이러니 即位之日에 德裕ㅣ奉冊既罷ㅣ어늘 謂左右曰適近我者ᄂᆞᆫ 非太尉耶아 每顧我에 使我로 毛髮이 洒淅이로다

三月에帝ㅣ崩ᄒᆞ고宣宗이位에即ᄒᆞ다宣宗이본ᄃᆡ德裕ㅣ專ᄒᆞᆷ을미워ᄒᆞ더니即位의日에德裕ㅣ奉冊을이미罷ᄒᆞ거늘左右더러謂ᄒᆞ야曰我에게適近ᄒᆞᆫ者ᄂᆞᆫ太尉가아닌야미양我를顧ᄒᆞᆷ의我로ᄒᆞ야금毛髮이洒淅케ᄒᆞᄂᆞᆫ도다

夏四月辛未朔에 上이 始聽政ᄒᆞ야 以門下侍郎同平章事李德裕로 同平章事充荊南節度使ᄒᆞ다 德裕ㅣ 秉權日久에 位重有

功이라衆이不謂其遽罷러니聞之ᄒ고莫不驚駭러라

夏四月辛未朔에上이비로소政을聽ᄒ고門下侍郎同平章事李德裕로써同平章事荆南節度使를充ᄒ다德裕ㅣ權을秉홈이日이久ᄒ며位가重ᄒ고功이有ᄒ지라衆이그遽罷치아느러라謂ᄒ더니聞ᄒ고驚駭치안는이가업더라

壬寅殺田布魏博節度使田弘正爲王廷湊所殺詔起服弘正子布爲節度以討廷湊兵馬使史憲誠畜異志會救幽州布車潰布復欲出兵諸將益偃蹇欲行河朔舊事布無如之何自殺衆推憲誠爲留後癸丑齊梁蔡齊淄靑李正己李納李思古李思道等相傳

詳密註釋 通鑑諺解卷之十四 終

詳密註釋 **通鑑諺解** 卷之十四

重版 印刷●2001年 7月 1日
重版 發行●2001年 7月 5日

校 閱●明文堂編輯部
發行者●金 東 求

發行處●明 文 堂
서울특별시 종로구 안국동 17~8
대체 010041-31-001194
전화 (영) 733-3039, 734-4798
(편) 733-4748
FAX 734-9209
Homepage www.myungmundang.net
E-mail om@myungmundang.net
등록 1977. 11. 19. 제1~148호



값 6,000원
ISBN 89-7270-647-7 94910
ISBN 89-7270-049-5(전15권)

# 東洋古典原本叢書

原本備旨 **大學集註**(全) 金赫濟 校閱

原本備旨 **中庸**(全) 金赫濟 校閱

原本備旨 **大學·中庸**(全) 金赫濟 校閱

原本 **孟子集註**(全) 金赫濟 校閱

原本備旨 **孟子集註**(上·下) 金赫濟 校閱

正本 **論語集註** 金星元 校閱 값 3,900원

懸吐釋字具解 **論語集註**(全) 金赫濟 校閱

原本備旨 **論語集註**(上·下)申泰三 校閱

原本集註 **周易** 金赫濟 校閱

備旨具解 **原本周易**(乾·坤)明文堂編輯部

原本集註 **書傳** 金赫濟 校閱

原本集註 **詩傳** 金赫濟 校閱

原本懸吐備旨 **古文眞寶前集**黃堅 編 金赫濟 校閱

原本懸吐備旨 **古文眞寶後集**黃堅 編 金赫濟 校閱

懸吐 **通鑑註解**(전3권) 司馬光 撰

原本 **史記五選** 金赫濟 校閱

詳密註解 **史略諺解**(전3권) 明文堂編輯部 校閱

詳密註解 **史略諺解**(全) 明文堂編輯部 校閱

原本集註 **小學**(上·下) 金赫濟 校閱

原本 **小學集註**(全) 金星元 校閱

東洋古典은
계속
출간됩니다.